10대들이 꼭 알아야 할
똑똑한 돈 이야기

10대들이 꼭 알아야 할

똑똑한
돈 이야기

수잔 셸리 지음 / 이영권 옮김

가산출판사

청소년들이여, 경제전쟁 시대에 장군이 되어라!

과거에는 글을 모르는 사람을 문맹이라고 하였다. 글을 모르면서 세상을 살아간다는 것은 참으로 답답한 일이다. 물론 경쟁력을 높이는 데도 많은 제약이 있어 모든 면에서 불리한 것이다.

21세기는 '경제전쟁 시대'라고 한다. 모든 길이 경제로 통한다는 뜻이다. 이러한 '경제전쟁 시대'를 맞이하면서 선진국들은 앞다투어 국민들에 대한 금융, 경제교육을 체계적으로 시키기 위한 노력을 하고 있다.

금융문맹을 없애려는 노력이다. 21세기 '경제전쟁 시대'에 금융문맹은 개인의 경쟁력뿐만 아니라 국가의 경쟁력에도 상당한 부담이 되고 있다고 판단하기 때문이다.

세계 제1의 초강대국인 미국의 경우도 2002년 6월부터 재무성 산하에 금융교육청을 신설하여 체계적으로 미국의 장래를 이끌어갈 어린이들에 대한 금융교육을 시키겠다는 강한 의지를 표출하였다.

이러한 추세에 맞추어서 우리나라에서도 '청소년금융교육협

의회'가 2003년 4월22일 공식으로 출범한 것은 참으로 바람직한 일이라고 할 수가 있다.

이 협의회는 앞으로 초·중·고등학교 학생들을 비롯해서 대학생·교사·일반시민·주부 등을 대상으로 금융지식을 심어주는 중요한 일을 맡게 되며 금융문맹 퇴치를 위해 다양한 활동을 펼치게 된다.

앞으로 한국경제 발전의 주역이 될 10대 청소년들이 현명한 경제인으로서 삶을 보다 폭넓게 영위할 수 있도록 경제와 금융에 눈을 뜨게 할 수 있는 계기를 제공한다는 것이다.

역자는 늘 여러 사람들에게 21세기는 '경제전쟁 시대'이므로 이 시대의 주인공이 될 청소년들은 경제에 대한 감각이 기성세대보다 높아야만 하며 어려서부터 어른들이 이러한 경제감각을 높이기 위해 도와주어야 한다고 강조해 왔다.

어려서부터 경제에 대한 센스를 길러주고 돈에 대한 개념을 명확하게 해주는 것은 어른들의 몫이라고 할 수 있다. 세계에 있는 230여 개 국가들은 누구나 선진국이나 강대국이 되기를 바라고 있을 것이다. 선진국이나 강대국으로 가려면 그 국가에 지하자원이나 인적자원이 경쟁력이 있어야만 한다.

우리나라의 경우는 지하자원이 워낙 부족하여 다른 나라와의 경쟁에서 늘 어려움을 겪어 오고 있는 것이다. 세계화 시대에 지하자원이 부족한 한국이 경쟁력을 강화하여 선진국에 진입하기 위해서는 인적자원의 경쟁력을 끊임없이 올리는 길밖에는 없다.

21세기 '경제전쟁 시대' 에서의 인적자원의 경쟁력은 경제 지식과 이해도와 직결되기 때문에 금융문맹을 없애는 길이 바로 경쟁력을 높이는 길이 되는 것이다.

어려서부터 경제적인 감각을 갖게 하기 위해서는 부모님들이 경제에 대한 이해를 높이고 아이들과 늘 함께 경제를 이해하려는 생활을 하여야만 한다.

'세살 버릇이 여든까지 간다.' 라는 옛말이 있다. 어렸을 때 잘 길들여진 버릇은 죽을 때까지 그 사람에게 영향을 미친다는 이야기이다. 그래서 경제 조기교육도 설득력이 있는 것이다. 21세기, 경제전쟁 시대를 이끌어갈 장군감들을 길러내기 위해서는 국가와 부모님들이 함께 머리를 맞대고 진지하게 협력해야 할 것이다.

우리의 미래는 청소년들에게 달려 있고 기성세대는 청소년들을 바르게 이끌 책임이 있는 것이다. 이 책은 이런 면에서 우리 청소년들에게 도움이 될 것으로 굳게 믿는다.

21세기 경제전쟁 시대의 장군으로 성장하기를 바라는 마음에서 청소년들에게 반드시 권하고 싶은 책이다.

이 영 권

행복한 미래를 위하여

오늘날 우리가 살고 있는 이 사회는 청소년과 그들의 주머니에 점점 더 유혹의 손길을 뻗치고 있다. 청소년이라는 독립된 집단의 구성원인 여러분이 엄청난 구매력을 가지고 있기 때문에 수많은 장사꾼과 광고업자들이 군침을 흘리고 있는 것이다.

그리고 청소년들의 돈 씀씀이도 해마다 커지고 있으며, 쓰는 돈이 늘어난 만큼 자신의 경제 상황에 대한 청소년들의 이해도도 그만큼 커졌다. 조금씩 은행에 돈을 예금하는 일은 물론 저축성 예금, 심지어는 주식 투자에 관심을 가지는 청소년들도 있다. 남들의 장사에 돈을 보태주는 일 말고도 직접 돈을 벌려고 장사에 뛰어드는 청소년이 있다는 뜻이다.

청소년은 창의력을 갖춘 세대로 앞날에 대한 두려움이 없다. 그러나 경제적으로 안정된 미래를 확보하고 싶다면 돈을 다루는 방법 가운데 최선의 방법을 알아야 한다.

이 책은 돈에 관한 기초 지식과 신용 카드나 돈을 투자하는 방법 그리고 기업가가 되는 길 등 보다 깊이 있는 내용을 가르쳐준다. 여러분은 이 책을 통해 돈을 최대한 효율적으로 활용하는 법

을 배우고 앞으로 얼마를 저축하고 투자하고 써야 할지를 깨닫게
될 것이다.

이 책에서 배울 내용

《10대들이 꼭 알아야 할 똑똑한 돈 이야기》는 모두 5부로 나뉘
어 있다.

01 〈돈, 피할 수 없는 현실〉에서는 우리 사회에서 돈이 필요한
이유와 우리들의 삶에서 돈이 하는 역할을 설명한다. 여러분은
돈의 힘을 잘 알고 있을 것이다. 돈이 있으면 필요한 것과 갖고
싶은 것을 모두 가질 수 있으며, 하고 싶은 일을 마음대로 할 수
있다.

그리고 지혜롭게 돈을 관리하는 일이 얼마나 중요한지 설명한
다. 결과적으로 돈은 매우 중요하다. 하지만 돈 자체만으로는 행
복이나 만족을 보장할 수 없다.

02 〈돈은 어떻게 벌어야 할까?〉에서는 대부분의 청소년이 갖고
있는 심각한 문제들을 다룬다. 사고 싶은 물건을 전부 사거나 또
는 하고 싶은 일을 전부 하기에 늘 돈은 부족하다.

여기서는 시간 여유를 가지면서 용돈을 좀더 받을 수 있고 일
거리를 찾을 수 있는 방법과 더불어 여러분의 순가치가 여러분 자
신이 생각하는 것보다 훨씬 높다는 사실을 가르쳐준다. 운이 좋
으면 여러분이 모르는 곳에 돈이 있을지도 모른다.

03 〈현명한 저축〉에서는 효율적인 돈 관리와 현명하게 저축하는 법을 배운다. 여기서는 여러분이 절약하는 편인지 낭비하는 편인지 가려내기 위해 약간의 테스트를 거쳐야 한다. 만일 테스트 결과 자신이 절약하기보다 낭비하기 쉬운 사람으로 나온다 하더라도 실망하지 말자. 낭비를 줄일 수 있는 방법도 얼마든지 있으니 조만간 여러분의 저축 규모는 늘어날 수 있다.

그러나 저축의 규모에 상관없이 내가 과연 최대한 효율성 있게 돈을 관리하느냐 하는 점이 관건이다. 돈을 어디에 넣느냐에 따라 이율은 천차만별로 변한다. 물론 누구든지 최고의 이율을 얻고 싶어 한다.

04 〈현명한 소비〉에서 여러분은 현명한 소비 생활로 주머니가 두툼해지는 방법을 배운다. 다른 사람들과 마찬가지로 여러분에게 왜 예산이 필요한지, 또 예산은 어떤 식으로 세워야 하는지도 배운다.

또한 예금계좌를 개설하고, 현금 카드와 ATM 기기를 효율적으로 사용하는 법을 다룬다. 그리고 수수료는 얼마나 붙는지, 또 은행 계좌에 어떤 영향을 주는지 반드시 알아야 한다.

05 〈돈에 관한 한발 앞선 이야기들〉에서는 신용 카드를 만들고 쓰는 법, 돈을 투자하고 자신의 사업을 시작하는 법을 배운다. 여기서 다루는 내용은 매우 실용적이고 유익한 정보들로서 여러분에게 흥미와 이로움을 함께 제공해줄 것으로 확신한다.

그 밖의 내용

본문 외에 여러분은 곳곳에서 세 가지 유형의 토막글을 접하게 된다. 이는 독자들의 혼란을 막고 따끈따끈한 정보를 제공하기 위한 것으로 지금까지 어디서도 들어본 적이 없는 재미난 토막 정보를 여러분에게 제공해 줄 것이다.

이 글은 여러분이 돈과 자신의 경제 문제에 대해 잘 알게 하기 위해 돈에 대한 정보를 제공한다.

여기에 실린 통계 수치와 독특한 정보는 친구들에게 알려주기에 좋은 훌륭한 내용들이다. 그럼 친구들은 여러분을 매우 똑똑한 친구라고 생각할 것이다.

이 글들은 여러분이 경제 문제에 좋지 않은 영향을 끼칠 수 있는 실수를 저지르지 않게 하기 위한 경고이다.

차 례

CONTENTS

04 현명한 소비

05 돈에 관한 한발 앞선 이야기

01

돈, 피할 수 없는 현실

돈은 중요하다. 돈은 우리가 속한 사회에서 도저히 외면할 수 없는
중요한 요소이며 현실이다.
〈돈, 피할 수 없는 현실〉에서는 돈을 어떻게 다루어야 하는지, 또
돈의 역사는 어떠한지 등, 우리 삶에서 돈이 차지하는 역할을
가르쳐준다. 더불어 돈의 한계와 돈을 제대로 다루는 법의 중요성을
알아보자.

우리의 인생에서 돈이 어떤 역할을 차지하고 있는지 잠시 생각해 보자. 모르긴 해도 상당히 큰 비중을 차지하고 있을 것이다. 우리는 일상에서 늘 돈에 관해 고민하고 돈에 관해 이야기한다.

세상에서 돈이 들어가지 않는 일이 거의 없기 때문이다. 돈이 없으면 우리가 선택할 수 있는 범위는 그만큼 좁아진다. 하고 싶은 일을 못하고 바라던 삶을 포기해야 하는 일도 생긴다.

맨날 사람들이 부자, 부자 하는 건 다 그만큼 돈이 행세하는 세상이기 때문이라구! 엄마도 돈많이 버는 남자랑 결혼했어봐. 에휴 -

알았어. 고만해요.

소미야. 너 또 무슨 사고 쳤냐? 분위기가 싸아하다. 신문좀 줘.

여보. 기분도 바꿀겸 일요일인데 짜장면 시켜 먹어요.

됐어. 돈 없어요.

내가 암만해도 하나있는 딸이라고 너무 곱게만 키웠나봐. 경제관념이 너무 없네.

자, 점심 먹자.

김치

밥

된장국

젓갈

아빠. 경제관념은 젓갈을 타고 오나 봐요.

글쎄말이다. 가끔은 제육 볶음같은 걸 타고와도 좋으련만.

I. 돈은 왜 그렇게 중요할까

사람에게 상처를 입히는 것이 세 가지가 있으니, 곧 말다툼과 고민, 그리고 빈 지갑이다. 그 중에 빈 지갑이 사람에게 가장 큰 상처를 입힌다.

우리 사회에서 돈이 중요한 역할을 한다는 점에는 의심의 여지가 없다. 돈이 없는 삶은 거의 불가능하다. 우선 방안을 한번 둘러보자. 전화기나 CD 플레이어, TV, 컴퓨터 한 대 쯤은 누구나 갖고 있을 것이다. 그리고 옷장에 옷이 가득한 사람도 있을 것이고, 냉장고가 음식으로 가득 차 더 이상 들어갈 자리가 없는 집도 있을 것이다.

우리가 가진 물건은 그것을 살 돈을 갖고 있었기에 제자리에 놓일 수 있었다. 때로 우리는 이 같은 사실을 너무나 당연하게 생각한다. 사람들은 생활 필수품을 얻기 위해 돈이 필요하다. 그밖에도 원하는 물건을 추가로 갖기 위해 더 많은 돈이 필요하다.

돈이 없으면 삶이 어떻게 변할지 한번 생각해 보자. 멋진 옷도 살 수 없고 방과후에 떡볶이도 사먹을 수 없으며, 갖고 싶은 물건들도 살 수 없다. 돈이 없다는 사실에 청소년인 여러분은 크게 좌절할 것이다.

하지만 어른들에게 돈이 없다는 사실은 훨씬 더 큰 절망이다. 여러분의 주머니가 바닥나면 좋아하는 가수의 CD를 살 수 없는 정도지만 여러분의 부모님 지갑이 바닥나면 여러분은 더 이상 살 곳도, 먹을 음식도 구할 수 없다.

반드시 돈이 있어야 한다는 점에는 다른 의견이 있을 수 없다. 세상을 움직이는 힘은 돈이다.

돈과 우리들의 생활 방식

사람들은 돈을 좋아한다. 청소년이라고 예외는 아니다. 돈을 벌기도 좋아하고 돈을 쓰기도 좋아한다. 물건을 살 수 있는 가게가 우리가 사는 주위에 널려 있으며, 살 수 있는 물건의 가짓수 또한 수백만 개가 넘는다. 게다가 장사꾼들은 모든 물건이 생활에 꼭 필요하다고 열변을 토한다. 백화점, 할인점, 일반 시장 등지에서 파는 물건은 옷과 보석, 화장품, 전자제품, 음악 CD에 이르기까지 그 종류를 헤아릴 수 없다.

그렇다면 청소년들이 그토록 열광하는 (최소한 장사꾼들이 생각하기에) 물건은 무엇일까? 평소 즐겨 읽는 잡지나 신문을 한번 살펴보자. 대충 아래와 비슷한 품목이 등장할 것이다.

- 청바지
- 컴퓨터
- 음료수, 햄버거, 치킨
- 휴대전화기, CD
- 워크맨, 티셔츠
- 화장품, 여드름 치료제
- 운동화, 축구화

광고회사는 여러분들이 이런 물건들 없이는 도저히 살 수 없다고 믿기를 원한다. 사실 그들의 전략이 성공할 때도 있다. 하지만 청소년들만 과대선전에 현혹된다고 생각하면 오해다. 어른들도 역시 늘 같은 종류의 선전 전략에 말려들기 때문이다. 청소년들과 다른 점은 어른들이 사는 물건은 자동차나 보석처럼 좀더 크고 비싸다는 것이다.

중요한 점은 대부분의 사람들이 좋은 것을 갖고 싶어 하며, 그리고 많은 물건을 사고 싶어 한다는 것이다. 그뿐인가, 하고 싶은 일은 또 얼마나 많은가. 우리가 좋아하는 물건이나 활동 모두 돈을 필요로 한다. 그것도 아주 많은 돈을.

근래 우리의 경제가 조금씩 성장하고 있으며, 비록 다는 아닐지라도 많은 사람들이 그 여파를 즐겼다. 자, 여러분이 살고 있는 지역을 한번 둘러보자. 전자제품 가게에는 훨씬 예쁘고 날씬한 디자인, 획기적인 성능을 자랑하는 제품들이 매일 쏟아지고 길거리에는 점점 고급차들이 늘어나고 있다. 여러분 친구 중에 휴대전화를 갖고 있는 아이들이 많이 있을 것이다.

이 세상에는 어마어마한 돈이 유통되고 있으며 사람들이 벌고 쓰는 돈의 규모는 가히 폭발적이다.

돈은 지금까지와 마찬가지로 앞으로도 우리가 살아가는 데 큰 비중을 차지할 것이다. 돈은 우리에게 필요한 것과 갖고 싶은 것을 가져다준다. 그리고 사회적 지위도 규정한다.

우리는 경제 성장으로 소득이 높아지고 있다는 소리를 귀가 아프게 듣지만 경기가 좋다고 해서 모든 사람들이 혜택을 입는다고 생각하면 오해이다. 가난한 자와 부자들 간의 소득 격차는 점점 더 벌어지고 있다.

돈이 중요한 가치판단의 기준이 되기 때문에 돈을 가진 사람은 그만한 대접을 받을 만한 가치가 있든 없든 간에 일반적으로 칭송과 존경의 대상이 된다. 늘 올바른 판단이라고는 할 수 없겠지만, 사람들은 큰 부자를 만나면 분명히 그가 영리할 거라고 짐작한다. 반면 가난한 사람을 만나면 어딘가 모자란 사람이라고 생각한다.

그렇다고 모든 사람들이 돈에 집착하고 돈으로 모든 것을 해결하려고 하는 것은 아니다. 자신의 재산에 만족하고 그만하면 충분히 돈을 가졌다고 믿는 사람도 많다.

그렇다. 우리 사회에서 돈은 실로 중요한 문제이다. 그렇기에 돈을 얻을 수만 있다면 물불을 가리지 않을 사람들이 많다. 사람들은 돈을 벌기 위해 일하고 돈을 위해 싸우며 돈 때문에 결혼하고 심지어 돈 때문에 살인을 저지른다. 이제 왜 돈이 그토록 중요한지, 또 인생에서 돈이 과연 어떤 역할을 하는지 알아보자.

인생에서 돈이 차지하는 역할

경기가 좋을 때, 혜택을 누리는 사람들이 비단 어른들만은 아니다. 청소년들 역시 스스로 번 돈으로든 부모에게 받은 용돈으로든 그 흐름을 따라간다.

여러분과 같은 10대 청소년들은 구매력이 엄청나다는 이유로 가게나 광고회사들의 표적이 되기 쉽다. 청소년을 겨냥한 잡지는 온통 유명 상표의 옷과 피부 보호제품 및 컴퓨터 관련 기기와 보석 등에 대한 광고로 가득 차 있다. 음반 제작자나 영화 기획자들 역시 청소년이라면 사족을 못 쓴다. 그들은 지금 어느 때보다도 더 청소년들이 좋아할 만한 음악과 볼거리로 치장한 영화를 쏟아 내면서 여러분의 주머니를 터는 일에 혈안이 되어 있다.

청소년들 대부분은 소비 성향이 강하다. 하지만 미국의 경우 청소년들의 의식 조사에 따르면 10명 가운데 9명이 분명한 목표 의식을 갖고 저축을 하는 것으로 나타났다. 이는 이전의 청소년들에 비해 지금의 청소년들이 돈을 벌고 저축하고 방법에 훨씬 익숙하다는 것을 의미하며, 스스로 돈 문제에 대해 앞을 내다보는 눈을 갖고 있다는 뜻이다.

돈에 대한 생각은 사람마다 다르다. 그러나 돈의 필요성이나 돈을 갖고 싶은 욕구는 누구나 마찬가지다. 여러분이 지금 돈을 얼마나 갖고 있든, 또 어떻게 돈을 벌고 그 돈으로 무엇을 하고 싶

어 하든 돈은 지금이나 앞으로나 여러분의 삶에 매우 중요한 역할
을 하게 될 것이 틀림없다.

사람은 돈 없이 살 수 없다

여러분이 저축을 하는 이유는 자기가 좋아하는 물건을 사기
위해서일 수도 있고 대학 등록금에 보태기 위해서일 수도 있다.
또는 먹고 싶을 때 과자 한 봉지 사먹을 만한 주머니 돈이 필요해
서일 수도 있다. 어디에 돈을 쓰든 여러분은 결코 돈 없이 살 수
없다.

10대 청소년들 대부분은 경제 문제를 부모에게 의존한다. 즉
부모는 같은 집에 산다는 이유로 자식에게 방세를 물리지도 않고
음식 값을 내라고도 하지 않는다. 대부분은 부모로부터 옷값도
받을 것이다. 만약 여러분이 일을 하고 돈을 번다면 사고 싶은 물
건을 사거나 그 밖의 지출을 위해 쓸 수 있다. 어떤 친구는 유명
브랜드의 옷을 직접 사서 입거나 갖고 싶은 물건을 사려고 돈을
저축하는 사람도 있다.

여러분이 어디에서 돈을 구하든 하루를 지내는 데 돈은 반드시
필요하다. 우리는 일상생활을 하면서, 예를 들어 음료수나 버스
요금처럼 단 한번도 생각조차 해보지 않은 곳에 많은 돈을 지출한

다는 사실을 쉽게 잊어버린다. 사소한 지출이 모이면 큰 돈이 되는 법. 그 점을 알면 미처 깨닫지 못하는 사이에 내가 얼마나 많은 돈을 쓰고 있는지 알 수 있다. 여러분은 영화 관람이나 예금 자동 인출기 수수료, 선물 값, 입장료, 그리고 패스트푸드 등에 돈을 쓰는 데 크게 주저하지 않는다는 사실, 그 점을 상기해 보자.

우리가 사는 세계는 참으로 비싼 곳이다. 이는 다시 말해 그 안에서 벌어지고 있는 일에 참여하려면 대부분 돈이 든다는 뜻이다. 물론 돈을 쓰지 않고 생활하는 일이 불가능하다는 이야기는 아니다. 그러나 그렇게 생활하기는 매우 어렵고 또 별로 재미도 없다. 극장에도 갈 수 없고 비디오 가게에서 비디오테이프 한 개도 빌릴 수 없다. 친구들과 어울려 쇼핑 타운에 갈 수는 있지만 티셔츠 한 장이나 패스트푸드점에서 햄버거 한 개조차 살 수가 없다. 휴일에 놀이공원에 입고 갈 새 옷이나 운동화도 살 수 없다. 물론 돈을 들이지 않고 즐겁게 지내는 방법이 전혀 없지는 않다.

명심하자. 여러분이 하고 싶어 하는 일 대부분은 반드시 비용이 든다.

돈 이란

친구 한 두 명을 붙잡고 일주일 동안 단 1천 원도 쓰지 않겠다고 맹세한 뒤 약속을 지킬 수 있는지 없는지 실험해 보자. 거의 불가능하다는 것을 알게 될 것이다.

지금도 여러분은 돈이 필요하다. 그러나 몇 년 뒤에는 그보다 훨씬 많은 돈이 필요하게 된다. 다음 장에서 여러분은 부모님과 함께 집에서 살 때 혹은 독립해서 혼자 살아나갈 때 드는 비용에 대해 자세히 배울 것이다.

한 사람이 필요로 하는 돈은 얼마일까?

사람들은 대부분 필요 이상의 물건을 소유하고 있으며 종종 필요와 욕구를 혼동한다. 그러나 세상에는 우리에게 반드시 필요한 물건이 있다. 음식과 옷(물론 셔츠와 스웨터가 넘쳐흘러 제대로 문이 닫히지도 않는 옷장까지야 필요치 않겠지만), 살 집, 그리고 돌아다니는 데 드는 비용 등이 그에 해당한다. 지금 부모님의 집에서 살고 있다면 여러분이 필요로 하는 부분은 대체로 보살핌을 받을 것이다. 하지만 독립하는 순간부터 이야기는 전혀 달라진다.

독립해서 살 때

청소년들 가운데 엄마 아빠의 집에서 뛰쳐나와 혼자만의 공간을 갖는 꿈을 꾸지 않은 사람은 거의 없을 것이다. 생각만 해도 얼마나 멋진 일인가! 어디엔가 작은 원룸을 얻어 어느 누구에게도 방 좀 치워라, 몇 시까지 집에 들어와라 하는 잔소리를 들을 필요가 없고 아무 때고 원할 때 먹고 싶은 대로 먹을 수 있다. 친구들을 불러 실컷 놀 수도 있다. 이제 늦었으니 집으로 돌아가렴, 이제 그런 잔소리를 할 사람은 아무도 없다.

독립된 삶, 정말 매력적인 이야기다. 그러나 동시에 무지막지한 비용이 들어가는 일이다. 혼자 힘으로 살아갈 때 과연 얼마 정도의 지출이 필요한지 잠시 살펴보기로 하자. 그 중에는 여러분이 단 한번도 생각해본 적 없는 비용들이 있다. 예를 들면,

- **집세** : 지금 인터넷에서 여러분이 사는 지역의 부동산 정보에서 전세로 내놓은 집들이 있나 살펴보자. 아마도 "원룸 아파트. 사생활 보장. 세탁기, 건조기 등 부엌 가재도구 일체 완비." 이만하면 대만족이다. 그렇지 않은가? 여러분이 필요로 하는 물건이 모두 갖춰져 있으니까. 자, 그러면 이번에는 비용 문제로 들어가자. 한달 방세가 50만원. 어이쿠! 물론 냉정한 판단력의 소유자라면, 그리고 싼 값에 집을 구할 수 있는 지역이라면 보다 싼 집을 찾으면 된다.

- **가구** : 텅 빈 집에 살고 싶지 않다면 가구는 반드시 필요하다. 거실만 해도 소파 한 개와 의자 두 개, 그리고 탁자가 필요하다. 그래, 텔레비전과 받침 테이블도 있어야겠군. 부엌에 놓을 식탁과 의자, 또 누워 잘 침대도 하나 필요하겠다. 침대 머리맡에 놓을 스탠드 하나, 옷가지를 넣어둘 서랍장

도 있으면 금상첨화일 테고. 이 가구들을 새로 장만하려면 모름지기 수백만 원의 돈이 들 테지만 다행히 중고 가구를 파는 상점이 많으니 백만원 정도면 대충 장만할 수 있을 것이다.

돈 이란

최소한으로 필요한 물품만 갖추고 살아도 그리 불편하지는 않다. 오히려 매력적이기까지 하다. 한 가지만 명심하자. 물건이란 사는 즉시 구식이 된다는 사실.

- **전기, 난방, 수도** : 운이 좋으면 이런 비용은 방세에 포함된다. 하지만 그렇지 않을 경우 이 비용은 여러분의 독립된 삶에 추가 비용으로 덧붙여진다.
- **기타 물건들** : 침대를 덮을 이불과 담요, 수건, 식기로 쓰일 접시, 수저, 냄비와 프라이팬, 유리잔, 휴지, 치약 … 이 외에도 필요한 물건은 끝이 없고 모두 돈이 드는 것들뿐이다.

위에서 예로 든 비용은 혼자 힘으로 살아가는 데 드는 수많은 지출 내역 가운데 일부분에 불과하다. 식비나 오락비, 또는 의류비 같은 부분은 언급조차 하지 않았다. 그러나 독립된 삶을 살려면 가히 엄청난 비용이 들어간다는 말만으로도 충분히 이해가 되었으리라 본다.

집에서 생활할 때

청소년들 대부분이 집에 살면서 필요한 물건 대부분을 부모에게 제공받는 데는 그만한 이유가 있다. 자급자족할 만큼 돈이 없기 때문이다.

여러분이 집에서 지내는 동안이야말로 돈을 모으는 최고 좋은 시기이다. 일을 하거나 하다못해 용돈을 받을 때라도 매번 얼마씩 저축하는 습관을 키우자. 불과 1~2만 원씩밖에 안 된다 하더라도 티끌모아 태산이라는 말이 있다. 게다가 조금씩이라도 저축을 한다는 사실은 여러분이 자신의 돈을 잘 다룰 줄 알고 앞날을 내다볼 수 있는 사람임을 뜻한다.

얼마나 저축이 가능할지는 몰라도 부모님과 함께 한 집에 산다고 해서 전혀 돈 쓸 일이 없다는 뜻은 아니다. 앞에서 이미 청소년들의 주머니를 노리는 각종 물품의 목록을 열거했지만, 여러분은 그보다 열 개 정도는 더 열거할 수 있을 것이다. 여러분에게 필요한 돈의 액수는 얼마나 많은 물건을 갖고 싶어 하는지에 달려 있다. 한 친구는 일주일에 1만 원만 있어도 대만족인 반면 다른 친구는 최소한 5만 원은 필요하다고 믿는 식이다.

민호는 방과후에 일을 하고 번 돈으로 직접 옷을 사 입고 책이나 영화 티켓, 그 밖의 비용을 부담한다. 부모가 옷값을 비롯하여 그 밖의 비용을 모두 대주는 창수와 비교하면 그에겐 분명 훨씬 많은 돈이 필요하다. 사람마다 필요로 하는 돈의 액수는 다르지만 돈의 필요성은 누구에게나 똑같이 적용된다. 우리는 지금 돈을 지향하며 추구하는 사회에 살고 있다. 그렇기에 여러분 역시 이 사회에 동참하여 살려면 돈이 반드시 필요하다.

이것만은 알아두자

◇ 돈은 여러분이 필요로 하는 물건뿐 아니라 안정성과 사회적 지위, 그리고 힘을 가져다준다.

◇ 세상은 돈을 필요로 하는 물건과 활동으로 가득 차 있으며 광고업자들은 우리가 그 모든 것을 원하도록 하기 위해 기민한 전략을 구사한다.

◇ 청소년들은 폭발적인 구매력을 가진 막강한 소비자 집단이다.

◇ 부모와 함께 한 집에서 살고 있을 때 돈을 모으면 고등학교를 졸업했을 때 남보다 유리한 출발을 할 수 있다.

◇ 사람마다 필요로 하는 돈의 액수는 다르지만 누구나 약간의 돈은 반드시 필요하다.

2. 갖고 싶은 것을 얻기 위한 돈 쓰는 법

가지고 싶은 것은 사지 마라. 꼭 필요한 것만 사라. 작은 지출을 삼가라. 작은 구멍이 거대한 배를 침몰시킨다.

독립하여 사는 사람은 누구나 돈이 필요하다. 그렇지 않고서는 도저히 살아갈 수가 없기 때문이다. 여러분처럼 아직 독립하지 못한 청소년들조차 어느 정도의 자율성을 얻기 위해서는 돈이 필요하다.

갓난아기였을 때 여러분은 돈이 전혀 필요하지 않았다. 돈이 무엇인지조차 알지 못했으니까. 오직 보살펴주는 어른들에게 전적으로 의지하여 기본적인 욕구에만 충실했을 뿐이다. 어린아이가 되어서도 여러분은 돈에 대해 별로 신경 쓰지 않았다. 중요한 문제가 아니었기 때문이다. 필요로 하는 물건은 무엇이든 가질 수 있었고 욕구가 있다고 해도 청소년이 된 지금에 비하면 훨씬 적었다.

그러다가 7~8세 무렵, 돈이 있으면 갖고 싶은 물건을 가질 수 있다는 사실을 깨닫기 시작하면서 돈은 여러분의 인생에 비로소 중요한 문제로 등장했다. 그러나 그때까지도 여러분의 필요 욕구는 어른들의 보살핌 속에 있었기 때문에 음식을 사는 일이나 신발을 사 신는 일, 혹은 집세나 대출금을 지불하는 문제 때문에 고민할 필요가 없었다. 그보다는 돈만 있으면 살 수 있다고 믿는, 일상생활에서 전혀 필요로 하지 않는 물건들에 집중하기 시작한다.

이모가 생일 선물로 준 1만 원으로 장난감 가게에서 눈여겨 봐 둔 레고 장난감 세트나 인라인 스케이트, 또는 제일 좋아하는 바비 인형을 살 수 있다고 생각하는 시기도 이 무렵이다.

그때부터 돈의 가치를 새롭게 알게 되고 삶을 이전과는 전혀 다르게 인식하기 시작한다. 갑자기 돈의 힘을 깨달은 것이다. 우리는 이 장에서 돈의 본질과 돈으로 인해 얻을 수 있는 것들을 차근차근 살펴볼 것이다. 그 중에는 실제 눈으로 볼 수 있고, 손으로 잡을 수 있는 것들이 있고, 볼 수도 없고 신체적으로 감지할 수도 없지만 그에 못지않게 중요한 것들도 있다.

필요한 물건, 혹은 필요하다고 생각되는 물건 사기

청소년들 대부분은 필요한 물건보다는 갖고 싶은 물건에 돈을 쓴다. 그들이 필요한 것은 대부분 부모나 다른 어른들이 해결해 주기 때문이다. 집이나 음식, 그리고 최소한의 옷값 정도는 대개 부모님의 도움으로 해결한다.

여러분이 학비나 아플 때 병원에 간다든가, 혹은 시력이 떨어져 안경을 맞춘다거나 할 때, 돈을 내지 않아도 된다는 점은 참으로 다행한 일이다. 대부분의 청소년들은 기본적인 필요 욕구를 해결하는 일로 걱정할 필요가 없을 뿐 아니라 갖고 싶거나 하고 싶은 추가적 욕구를 해결하는 데도 적잖은 도움을 받는다.

열두 살에서 스무 살에 이르는 시기는 경제적 지출이 많다. 축구 팀에 가입할 때도 돈을 내야 하고 수학여행을 갈 때, 친구에게 생일 선물을 줄 때, 그밖에 취미 활동이나 게임 CD, 비디오 게임기, 온갖 캠프, 피아노 레슨, 기타 등등에 들어가는 비용으로 지출은 급속히 늘어난다.

여러분은 꼭 필요하다고 생각하겠지만 사실 이런 지출은 실질적인 필요와 상관이 없다. 기본적 욕구를 비롯해서 추가적인 욕구의 대부분을 부모가 대신 해결해 주기 때문에 청소년들은 자신의 돈으로 또다시 개인적인 욕구를 해결하는 것이다.

기본적 욕구가 해결되면 사람들은 일반적으로 추가적인 욕구를 필요 욕구로 격상시키는 경향이 있다. 음식을 살 돈이 없어서 사흘 동안 단 한 끼도 먹지 못했다면 그 사람에게는 음식이 기본 욕구지 브리트니 스피어스나 보아의 최신 CD가 기본 욕구가 될 수 없다. 하지만 매일매일 끼니마다 음식을 챙겨먹고 전혀 굶주릴 걱정을 할 필요가 없는 사람에게는 가수의 최신 CD가 가장 절실한 기본 욕구가 될 수 있다.

필요하지는 않지만 그래도 갖고 싶은 물건 사기

합리적인 선을 정하고 소비 습관을 현명하게 조절할 수 있다면 갖고 싶은 물건을 사는 일이 나쁠 까닭은 없다. 꼭 필요하지 않은 줄 알면서도 너무나 갖고 싶어 뭔가를 사들였을 때, 우리는 때로 기분 전환을 느낀다. 많은 사람들이 가끔씩이라도 하고 싶은 일을 할 수 있는 사회에 속해 있다는 점에서 우리는 지극히 행운아다. 꼭 가지고 있지 않아도 사는 데 지장이 없다는 사실을 너무나 잘 알면서도 정말로 갖고 싶은 것을 사는 일을 통해 우리는 때로 행복을 느낀다.

경고!!

자꾸만 사고 싶은 충동을 경계할 것. 아무리 멋진 물건이라도 지나치게 많으면 더 이상 방안에 돌아다닐 공간조차 없어진다. 어느새 과중한 부담이 될 뿐이다.

그러나 쓸데없는 물건을 계속해서 사들이거나 부모의 신용 카드를 빌려 과도하게 돈을 쓰는 경우는 지나친 낭비를 하는 일이다. 꼭 필요한 물건을 사는 일과 꼭 필요하지는 않지만 그래도 갖고 싶은 물건을 사는 일의 균형을 잘 맞춰야 한다.

각자 방안을 둘러보자. 필요해서가 아니라 단지 갖고 싶어서 사들인 장식품들이 많이 있을 것이다. 여러분의 옷장은 어떠한가? 예뻐서 사들이거나 누군가를 충동질해서 사달라고 조른 옷들이 과연 얼마나 있는가?

우리 집만 해도 딸 방을 들여다보면 온갖 로션에 머리핀과 같은 액세서리들로 가득 차 뚜껑도 잘 안 닫히는 상자들로 난리가 아니다. 향기 나는 초를 비롯하여 별 모양의 멋진 것들도 있다. 휴대용 CD 플레이어를 비롯해서 CD 플레이어가 두 개, 게다가 탁자고 바닥이고 할 것 없이 CD투성이다.

그 어느 것도 꼭 필요한 물건은 아니다. 하지만 하나같이 딸을 즐겁게 해주고 그 아이의 방을 자신만의 공간으로 만들어주는 물건들이다. 적정선을 넘지 않고, 또 꼭 필요한 물건을 사는 데 지장을 줄 정도만 아니면 필요치 않은 물건을 사는 일이 꼭 나쁘지만은 않다.

필요한 것과 갖고 싶은 것의 차이 알기

앞에서 말한 대로 기본적인 욕구가 충족되고 불필요한 물건을 사들일 만큼 돈의 여유가 생기면 기본적 욕구와 추가적 욕구의 경계는 모호해진다. 이미 외투가 두 벌이나 있는데도 갑자기 검정색 가죽 재킷이 꼭 필요하다는 생각이 드는 식이다.

조금만 깊이 생각해 보면 반드시 필요하다고 말한 물건들이 실제로는 없어도 사는 데 전혀 지장을 주지 않는다는 사실을 깨닫게 될 것이다.

예전에 누군가 이런 이야기를 해주었다. 오토바이 사고를 심하게 당하여 응급실에 누워 있으려니 비로소 꼭 필요한 것과 갖고 싶은 것의 경계가 확연해졌다고 한다. 그는 그 순간 이제껏 품었던 모든 욕심이 사라지고 오직 한 가지, 살고 싶다는 욕구만이 뚜렷해졌다고 했다. 재산이나 오토바이를 잃었다는 사실은 그에게 전혀 문제가 되지 않았다. 그에게는 오직 살아야 한다는 한 가지 필요 욕구만이 남아 있었다.

돈이란

지금 당장 꼭 필요하다고 생각되는 물건의 목록을 만들어보자. 그리고 한 가지씩 짚어가며 과연 이 물건이 내게 꼭 필요한 것인지, 아니면 그저 갖고 싶은 것인지 꼼꼼히 따져보자. 놀랍게도 여러분이 적은 물건의 대다수는 필요한 것이 아니라 갖고 싶은 물건일 것이다.

여러분이 꼭 필요한 것과 갖고 싶은 것의 차이를 잘 알 수 있는 현명한 사람이 되기를 바란다. 곤란한 처지를 당한 뒤에야 그 차이를 확실히 깨닫는 일이 없기를 희망한다. 진정으로 여러분이 필요로 하는 것들 대부분, 예를 들어 사랑, 우정, 희망, 그리고 편안함과 같은 느낌은 돈과 전혀 상관이 없다는 사실을 명심하자.

돈은 눈으로 볼 수 없는 것을 준다

돈은 우리에게 실질적으로 필요한 물건을 제공해 주며 그리고 다른 사람으로 하여금 우리에게 제공해줄 수 있도록 한다. 예를 들어 음식과 의료 행위, 깨끗한 물, 집, 옷 등이 그것이다. 그밖에도 돈은 우리가 꼭 필요로 하지는 않지만 그래도 갖고 싶은 물건을 제공해 준다.

그럼 여러분은 한 번이라도 돈이 우리에게 눈으로 볼 수 없는 것을 가져다 준다고 생각해 보았는가? 우리 사회에서 돈은 힘을 의미한다. 또한 다른 사람으로부터 존경을 받기도 한다. 부자가 되지 않았으면 언제까지라도 닫혀 있었을 문이 부자가 되는 순간 활짝 열린다. 독립을 가능하게 하고 선택권을 준다.

그러나 때로는 골치 아픈 문제의 화근이 되기도 한다. 이제부터 돈이 가져다주는 눈에 보이지 않는 것들에 대해 알아보자.

돈은 힘과 사회적 지위의 원천이다

돈은 힘과 사회적 지위의 원천이다. 돈을 많이 벌어들이는 사람 혹은 쓸 돈이 넘쳐나는 사람들은 종종 그 때문에 힘 있는 부류로 취급된다.

아주 어린아이들조차 돈을 가지면 왠지 힘이 세지는 것처럼 느

경고!! 많은 부자들이 존경을 받는다고 해서 존경과 부(富)를 맞바꿀 수 있다는 생각은 금물이다. 그런 생각은 얼른 떨쳐버리자. 그리고 정직과 성실, 청렴, 그리고 친절과 같은 성품을 추구하자.

긴다고 한다. 자기 마음대로 상황을 좌지우지할 수 있다고 생각
하기 때문이다. 돈이 많으면 때로 남들을 쉽게 통제할 수가 있다.
아이들은 어른들을 통해 돈의 힘을 배운다. 이웃집이 최근 사들
인 고급 승용차를 부모가 부러운 듯 칭찬하는 모습, 또 뭔가를 사
고 남들에게 자랑하는 부모의 모습을 보고 자라기 때문이다. 그
순간 아이들은 돈을 성공이나 힘으로 생각하게 된다.

사람들은 정치인이 사회에서 가장 힘이 세다고 생각한다. 물
론 정치인들 대부분은 부자이며, 선거 운동을 벌이고 당선되기 위
해 자신의 돈을 쏟아붓는다. 돈이 없는 정치인들은 선거 자금을
모으거나 각자 속한 정당의 지원을 받아야 한다.

그렇다고 사회에서 힘을 가진 사람들이 모두 부자는 아니다.
그 중에는 매우 가난한 이들도 있다. 지칠 줄 모르는 인내로 세계
에서 가장 가난하고 비참한 사람들을 돌보며 일생을 봉사하신 테
레사 수녀의 힘은 용기와 신념에서 비롯되었다. 그러나 많은 사람
들이 존경해마지 않는 이들의 예는 지극히 예외에 속한다. 옳든
그르든 이 나라는 돈과 힘이 굳게 손을 맞잡고 나아가는 곳이다.

존경

사람들은 부자와 만나면 과연 그들이 그만한 가치가 있는지 없
는지를 따지기 전에 일단 존경의 시선을 보낸다.

단시간에 큰 돈을 번 사람들은 자신들을 향한 사람들의 느닷없

는 존경의 시선을 받게 마련이다. 그렇지만 그들은 전혀 변하지 않았다. 그리고 재정 상태가 바뀌기 전의 그들에 비해 사람들의 존경을 받을 만큼 훌륭한 인품을 갖추지도 않았다. 그들이 느끼고 있는 타인의 부러움은 오직 돈이 많다는 사실 때문에 일어난 일이다. 물론 부자가 아닌 사람들 가운데 많은 이들이 존경을 받을 만큼 훌륭한 인품을 지니고 있고 정당한 대우를 받으며 만족하며 살고 있다.

돈은 독립을 가능하게 한다

돈을 가짐으로써 얻게 되는 가장 좋은 점은 비로소 독립이 가능해진다는 사실이다. 누군가에게 도움을 청하지 않고도 자신이 원하는 것을 가질 만큼 돈이 많다고 생각해 보라. 이 얼마나 흥분되는 일인가.

만약 여러분이 지금 일을 해서 돈을 벌고 있다면 이미 독립이 어떤 것인지 느껴보았을 것이다. 점차 나이를 먹고 지금보다 많은 돈을 벌게 되면 의존된 상태에서 독립으로 나아가는 변화과정을 만끽할 수 있을 것이다.

돈은 선택의 폭을 넓혀준다

돈이 갖고 있는 또 다른 위대한 가치는 선택권이 생긴다는 사실이다. 생각해 보자. 만약 직장에서 쥐꼬리만한 월급을 받는데

어린아이들도 조금만 돈이 있으면 훨씬 독립적이 될 수 있다는 사실을 배운다. 2학년짜리 초등학생이 엄마 도움 없이 매주 목요일마다 학교에 1천 원을 가져와서 점심 식사 뒤에 아이스크림을 사먹을 수 있다는 사실을 기억하고 있다면, 그 아이는 그런 행동만으로도 이미 독립 단계로 한 걸음 나아갔다고 볼 수 있다.

부양해야 할 어린 자녀가 둘이 있다면 그 사람의 선택권은 지극히 제한될 수밖에 없다. 아파트를 수리할 엄두도 낼 수 없고 아이들을 시설 좋은 보육원에 보낼 수도 없으며 더군다나 휴가 갈 생각은 꿈도 꿀 수 없다. 그럭저럭 생계를 꾸려나가고 좀더 월급을 많이 받을 수 있는 직장을 알아보는 일, 그것만이 그의 유일한 선택권이다.

어른이 되어 돈이 생기면 많은 선택권과 가능성을 얻는다. 여행을 간다거나 피아노를 사들일 수 있고 도시를 떠나 전원주택으로 이사할 꿈을 꿀 수도 있다. 다시 공부를 시작할 수도 있고 직업을 바꿀 수도 있으며 아이를 하나 더 가질 수도 있다.

그러나 청소년인 여러분의 선택권은 극히 제한되어 있다. 그러나 돈이 있으면 돈이 없을 때에 비해 보다 많은 기회를 가질 수 있다. 돈은 선택권을 얻는데 반드시 필요하다. 돈이 가져다주는 자유야말로 돈이 갖고 있는 최대가치 중에 하나이다.

돈이 있으면 그 순간 위대한 자유인이 되고 앞날에 대한 걱정은 더 이상 할 필요가 없어진다. 예를 들어 자녀의 대학 교육비로 쓰기 위해 기반이 튼튼한 기금에 1억 원을 투자한 부부는 자녀의 대학 교육비를 대비하여 저축을 하지 않는 부부에 비해 앞날의 경제에 대한 걱정을 훨씬 덜게 된다.

반드시 돈의 흐름을 따져보자

스스로 생각하기에 절대 돈이 많지 않다고 느끼는 사람은 돈이 필요 이상으로 많은 사람에게 부정적인 면이 존재한다는 사실을 쉽게 수긍하지 못한다. 그러나 이는 사실이다. 돈은 사람들에게 경제적 안정감과 각종 기회, 그리고 선택권을 주지만 동시에 수많은 문제를 일으키는 화근이 된다.

지금 자신에게 적당한 만큼의 돈이 있다 해도 반드시 돈의 흐름을 따져보고 그 돈으로 무엇을 할 것인지 결정해 두자. 여러분은 그 돈이 언제나 안전하기를 바라고 그 돈을 기반으로 더 많은 돈을 벌 수 있기를 희망한다. 대부분의 사람들은 이런 문제들을 잘 해결하는 편인데 이는 여분으로 비축해 놓을 만큼 큰 현금이 없기 때문이다. 그러나 돈이 없는 사람이 갑자기 큰 돈을 얻게 되면 상황 변화에 미처 적응하지 못해서 새로 얻은 부를 제대로 관리하지 못하는 경우가 있다.

부자들은 종종 다른 사람에 대한 불신이 깊다. 만나는 사람 모두가 자신의 재산을 어떻게든 뜯어가려 한다고 생각하기 때문이다. 또 돈에 지나치게 사로잡혀서 재산을 잃을까봐 전전긍긍하느라 정작 자신의 부를 즐기지 못하는 사람들도 있다.

돈은 지금까지 많은 사람들을 몰락시킨 원인이 되기도 하였다. 늘 돈 부족에 시달리는 사람들 가운데는 회사의 공금을 횡령하거나 고객의 통장을 사기 치는 이들이 있다. 또한 빚이 늘어나 완전히 회복불능 상태에 빠진 뒤 스스로 목숨을 끊는 사람들도 있다.

현명하게만 다룬다면 돈은 여러분의 삶에 행복과 평온을 가져다주는 유용한 물품이다. 그러나 지나치게 과대평가되면 그 즉시 선의의 기능을 잃고 무거운 짐이 되고 만다.

조나단 프리드먼이 지은 책 《행복한 사람들 Happy People》에서 다른 직업인과 비교해서 유난히 의사나 법률가 중에 불행한 사람의 비율이 높다고 주장한다. 다른 직업에 비해 의사나 법률가가 일반적으로 수입이 좋다는 점을 떠올리면 참으로 흥미로운 결과가 아닐 수 없다. 돈이 전부가 아니라는 뜻이다.

돈이 충분하지 않으면 어떤 문제가 생길까

돈이 많으면 여러 가지 문제가 생긴다. 그러나 돈이 없으면 그보다 심각한 문제가 발생하기 쉽다. 여기서 돈이 충분하지 않다는 말은 미팅에 입고 갈 새 옷에 어울리는 구두 한 켤레를 살 수 없다는 뜻이 아니다. 비디오 게임에 가진 돈을 모두 써버렸다고 친구들이 함께 외식을 나가는데 혼자 집에 우두커니 남아야 한다는 의미도 아니다. 그보다 훨씬 심각한 상태를 의미한다.

만약 여러분 가족이 방에 불을 땔 기름을 살 돈이 없다면 어떤 일이 벌어질지 생각해 보자. 밤새 추운 집에서 잠을 자게 될 것이다. 아니면 어린 동생이 몸이 너무 아픈데 부모가 병원비를 낼 수 없어 동생을 의사에게 데려가지 못한다고 상상해 보자.

한국뿐 아니라 전세계에서 가난한 사람들은 고통을 겪는다. 어떤 나라는 거의 모든 국민이 가난에 굶주린다. 전세계에서 4만 명이, 그것도 대부분 어린이들이 매일 기아와 그로 인해 발생한 질병으로 죽어간다. 미국의 경우는 국민의 13퍼센트가 극빈자로 간주되는 실정이다.

다른 사람들이 가지지 못한 것이 무엇인지 알면 내가 가진 것에 좀더 감사하는 마음을 가질 수 있다. 더불어 꼭 필요한 것과 갖고 싶은 것의 차이를 다시 생각함으로써 자신의 돈 관리를 좀더 잘 할 수 있다.

이것만은 알아두자

◇ 대부분의 청소년들은 음식이나 집 같은 기본적인 필요 욕구를 책임지지 않는다. 그렇기 때문에 그들이 쓰는 돈은 주로 실제로는 꼭 필요하지 않은 그러나 갖고 싶은 물건들에 쓰일 때가 많다.

◇ 많은 사람들이 필요한 것과 갖고 싶은 것을 잘 구분한다. 그러나 위급한 상황에 처하거나 큰 어려움에 빠지면 둘 사이의 구분은 보다 확실해진다.

◇ 돈은 옷이나 CD처럼 눈으로 보고 만질 수 있는 물건과 더불어 독립과 존경처럼 눈으로 볼 수 없는 것을 가져다준다.

◇ 세상에는 돈이 없다는 이유로 비참한 삶을 사는 사람들이 너무나 많다.

◇ 돈이 인생의 전부는 아니지만 꼭 필요한 수단이다.

3. 지혜로운 돈 관리

돈이란 그것을 소유한 사람에 따라 따뜻하게도 할 수 있고 본래의 차디찬 대로 만들 수도 있다. 이 모두가 사람에 달려 있다.

여러분이 속한 사회나 삶 자체에 돈이 얼마나 중요한 기능을 하는지 앞에서 알 수 있었다. 우리에게 돈이 꼭 필요하다는 사실은 의심의 여지가 없다. 사실 돈 없이 지낼 사람 손 들어보라고 하면 아무도 없을 것이다.

돈은 여러분이 필요로 하고 갖고 싶은 물건을 사게 해준다. 비를 가릴 곳을 마련해 주고 몸에 필요한 양분을 제공하며 즐거운 시간을 보내게 해준다. 돈이 있으면 유명 상표의 옷과 차를 살 수 있고 경치 좋은 섬 지방으로 여행도 갈 수 있다. 그러나 돈으로 사랑을 살 수는 없다. 그리고 돈 자체만으로는 결코 행복해질 수도 없다.

이 장의 목표는 돈을 지혜롭게 다루는 법을 알려주고 그것이 여러분에게 얼마나 중요한지 깨닫게 하는 일이다. 더불어 그것이 미래의 여러분 삶에 얼마나 중요한 영향을 끼치는지 알려줄 것이다.

사랑은 돈으로 살 수 없다

예전에 비틀스가 부른 노래 중에 〈내게 사랑을 사줄 수는 없어요 Can't Buy Me Love〉라는 곡이 있다. 여러분이 비틀스의 음악을 좋아하든 싫어하든 다음과 같은 내용이 되풀이되는 이 노래의 가사가 지닌 어느 정도의 진실성에는 동의하지 않을 수 없으리라. "나는 돈 따위는 관심 없어요. 돈이 내게 사랑을 사줄 수는 없으니까요."

많은 사람들이 돈에, 그리고 돈 있는 사람에게 매력을 느낀다. 실제로 돈과 사랑에 빠진 사람들도 흔하다. 하지만 사람을 행복하게 하고 완전한 존재로 느끼게 하는 진실한 사랑은 돈을 트럭으로 실어 나른다고 해서 얻어지는 것이 아니다.

여자친구나 남자친구, 혹은 부모님, 또는 친구에게 깊은 관심을 가질 때, 그리고 그 사람으로 하여금 자신에게 관심을 갖게 할 때 생겨나는 사랑이 진짜 사랑이다. 참사랑은 자신의 내부에 있는 것을 함께 나누고 자신이 사랑하는 사람에게 최선의 것을 주고 싶은 마음을 뜻한다. 이런 것들은 돈과는 상관이 없다.

편안한 관계를 유지하기에 돈이 턱없이 부족하면 반드시 인간관계에 커다란 긴장을 불러일으키는 요인이 된다. 부부 혹은 가족 간에 갈등을 빚는 주범은 늘 돈이다. 실제로 돈 문제는 결혼생

경고!!

많은 부부 혹은 연인들이 돈 때문에 문제가 일어나기 전까지는 단 한 번도 돈 이야기를 하지 않았다고 한다. 그러나 돈은 인간관계에 큰 문제를 불러일으키는 대표적인 골칫거리다. 돈은 참으로 영리하지 못한 존재이다.

활에 문제를 일으키는 가장 중대한 요인 가운데 하나로 알려져 있다.

최근 씨티 은행의 투자정보 서비스 기관에서 조사한 결과 미국에서 이혼을 발생시키는 최대 원인은 돈 문제라고 한다. 한국에서도 이혼하는 이유가 외형적으로는 어떠하든지 간에 돈이 큰 요인이 되고 있다.

미국에서 백만 가구 이상이, 다시 말해 100가구당 1가구가 개인 파산 보호를 신청한다. 이는 더 이상 우리는 빚을 갚을 능력이 없으니 채권자들로부터 보호해달라는 의미이다. 이것이 바로 돈 때문에 생겨나는 문제이다.
한국에서도 2003년 10월말 현재 신용불량자가 360만 명에 이르고 있으며, 2004년에는 450만 명에 달할 것으로 추정되고 있다.(경제인구 5명 중 한 명 꼴인 셈이다.)

가족 간에 빚어지는 돈 문제는 비단 부부간에 국한되지 않는다. 여러분들 또한 가족과 돈 문제로 속앓이를 해본 적이 있을 것이다. 두 번 다시 경제적으로 넉넉해질 수 없다는 두려움, 혹은 여러분의 부모가 예전처럼 많은 도움을 주지 못할 것 같은 불안함과 쓰고 싶은 대로 돈을 쓸 수 없게 제한 당하는 일 등을 의미한다. 대부분의 경우 부모와 10대 자녀, 그리고 돈의 관계는 부부와 돈의 관계 못지않게 쉽게 깨지는 경향이 있다.

　그러나 전문가들은 돈이 인간관계에 그것이 결혼생활이든 가족관계든 장해물이 되어서는 안 된다고 주장한다. 가족 내에서 돈 문제를 해결해 나가는 데 도움이 될 만한 지침을 아래에 제시하니 주의 깊게 봐주길 바란다.

- **상대를 존중하라.** 돈 문제에 대해 이성적이고 정중한 태도로 이야기를 나누려고 노력하라. 함부로 소리 지르지 않고 상대를 헐뜯지 않으며 서로를 문제의 원인이라고 비난하지 마라.
- **나중에 문제를 야기시키지 않으려면 돈의 지출 계획을 세워라.** 예를 들어 부모가 용돈을 주면 어떤 식으로 지출할 것인지에 대해 대강의 계획을 세워라. 이를테면 절반은 원하는 곳에 쓸 수 있는 자유로운 돈으로, 나머지 절반은 특정한 비용이나 저금으로 대비해놓을 수 있다. 만약 여러분이 직접 돈을 벌고 있다면 부모와 마주앉아 돈을 얼마나 쓸지, 또 얼마를 저축할지, 또 부모가 여러분의 수입의 부족분을 보충해줄 것인지 등등의 문제를 상의하라.
- **가정의 경제 상황을 정확히 이해하고 한계를 깨닫도록 하라.** 가장 친한 친구가 옷값과 학용품 값을 제하고도 일주일에 5만 원을 받는다고 해서 여러분도 그래야 한다는 법은 없다.

■ **절대로 인간관계보다 돈을 우선하지 마라.** 사랑하는 사람을 잃어본 사람은 대부분 그 사람을 되살릴 수만 있다면 가진 돈을 기꺼이 버릴 수 있다고 말한다. 아이를 유괴로 잃어본 고통을 겪은 적 있는 부모들 역시 아이가 돌아올 수만 있다면 전 재산을 모두 넘겨줄 수 있다고 말한다. 시한부 인생을 선고받고 살아갈 날이 얼마 남지 않은 사람들도 건강을 되찾을 수만 있다면 기꺼이 전 재산을 내놓겠다고 말한다.

돈은 중요하다. 그러나 돈으로 사랑을 살 수는 없다.

즐거움과 자유

청소년들은 주로 무엇을 하며 여가를 보낼까? 영화를 보려면 7~8천 원 정도가 든다. 예전에는 5만 원이면 아빠 차의 연료탱크가 꽉 찼지만 지금은 3분의 2밖에 차지 않는다. 하늘 높은 줄 모르고 치솟는 원유 값 때문이다. 음료수 자판기는 천원짜리 지폐를 잡아먹고 걸핏하면 잔돈까지 집어삼키기 일쑤다. 전부터 읽고 싶었던 책값이 8천 원 정도에 이르고 심지어 맥도날드에서 파는 햄버거, 콜라, 감자튀김을 사먹으려고 해도 3천 원 이상이 든다. 이처럼 평범한 일상을 보내는 데도 엄청난 비용이 들어간다.

그러나 꼭 그런 생활이 필요할까. 돈을 낭비하는 행동은 꼭 필요해서라기보다는 습관일 경우가 많다. 많은 돈을 들이지 않고, 아니 단 한 푼도 쓰지 않고 하루를 즐겁게 보낼 수 있는 방법은 얼마든지 있다.

그렇다면 돈 한 푼 안들이고 혹은 아주 적은 금액으로 금요일 밤이나 토요일 오후, 혹은 아무 때고 할 수 있는 일이 무엇이 있을까?

- **밖으로 나간다.** 돈 한 푼 없어도 즐길 수 있는 바깥 활동은 많다. 지나가는 친구를 붙잡고 가까운 공원으로 산책을 나간다. 만약 여러분이 새나 야생생물 같은 집밖의 생물에 관심이 있다면 종종 무료로 운영하는 야외 자연 체험 프로그램에 참여할 수도 있다.
- **동네에 있는 무료 시설을 찾는다.** 대부분의 사회단체가 연주회 같은 무료 프로그램을 운영한다. 동네나 시와 관련된 웹사이트를 찾거나 지역 신문의 주말 란을 뒤져 무료로 즐길 수 있는 프로그램이 있는지 알아본다.
- **도서관으로 향한다.** 잠깐이라도 주변의 도서관에 들러본 적이 없다면 당장 도서관으로 향하자. 요즘의 도서관은 인터넷 시설뿐 아니라 생각보다 많은 종류의 잡지를 구비하고 있다.
- **즐기기 위해 일을 한다.** 믿거나 말거나 무리 지어서 함께 일

하는 것만큼 즐겁고 유익한 일은 없다. 일없이 빈둥거리는 친구들을 이끌고 "싼 값에 일합니다. 시켜만 주십시오."하고 크게 써붙여본다. 성실하게 그러나 싼 값에 도움을 주려는 사람 주변에는 바쁘고 연로한 사람들이 들끓는 법이다. 일하는 즐거움에 약간의 돈까지 얻을 수 있다.

무료로 즐기는 방법이나 싼 값에 즐거운 시간을 보내는 방법은 여러분 각자의 생각에 따라 여러 가지가 있을 수 있다. 오락이나 흥겨움에 있어서는 돈보다 때로 상상력이 큰 비중을 차지할 때가 많다.

돈이 정말 행복을 가져다줄까?

사람들은 대부분 돈만 많으면 지금보다 훨씬 잘 살고 행복해질 거라고 생각한다. "일주일에 3만 원만 더 있어도 훨씬 행복할거야." 이렇게 말하는 사람도 있을 테고 "연봉이 3천만 원이 아니라 5천만 원만 돼도 정말 살판 날텐데 말이야." 라고 말하는 사람도 있을 것이다. 그러나 연봉 3천만 원에 행복을 느끼지 못하는 사람은 연봉이 5천만 원이 되어도 필시 행복하지 못하다.

거듭되는 연구 결과에 따르면 사는 데 꼭 필요한 것, 즉 깨끗한 물과 잘 곳, 마음껏 숨쉴 수 있는 공기와 먹고 살 만큼의 음식, 그리고 적당한 의복을 가진 사람들이 그렇지 못한 사람들보다 행복하다고 한다. 그러나 일단 필요한 욕구가 충족된 뒤에는 그 이상을 가지게 되더라도 그만큼 더 행복해진다고 볼 수 없다.

미시간 주 호프 대학의 심리학 교수이자 《행복의 추구, 누가 그리고 왜 행복한가 *The Pursuit of Happiness: Who Is Happy- And Why*》의 저자인 데이비드 마이어스 박사는, 사람들은 부자가 되는 유일한 길이 경제적인 부를 쟁취하는 것밖에 없다고 믿지만 이는 착각이라고 지적한다.

만에 하나 경제적인 부가 인생의 목표이고 지금 그것을 소유하고 있지 않다면 그 사람은 자신의 인생을 실패라고 느끼기 때문에 절대 행복해질 수 없다. 그러나 지금 가진 만큼에 감사하고 의식적으로라도 더 이상 욕심내지 않으려고 노력하면 그 사람은 행복을 쟁취할 가능성이 그만큼 크다고 마이어스 박사는 주장한다.

조금만 깊이 생각해 보면 마이어스 박사의 견해가 옳다는 사실을 깨달을 수 있다. 만약 자그마치 10만 원짜리 최신형 운동화가 굳이 필요하다면, 그리고 유명 브랜드 외에 다른 옷은 거들떠보지도 않는다면, 그리고 2년이 지난 모델의 승용차를 모는 사람을 한심하다고 비웃는다면 여러분은 미래에 돈 때문에 엄청난 곤란을 겪을 수도 있다. 물론 집 안에 돈다발을 산더미처럼 쌓아둔 사람은 예외겠지만.

반면 바겐세일 중에 2만 원을 주고 산 운동화에 만족한다면, 무명 상표의 청바지와 티셔츠를 입은 자신의 모습을 좋아하고 자동차 역시 가고 싶은 곳에 데려갈 수만 있으면 어떤 종류든 상관없다고 생각한다면 여러분은 진정 행복한 사람이다. 지금 가진 것을 즐길 줄 알고 더 이상 욕심을 내지 않는 사람은 늘 머리 속에 "더 가져야 해. 더 있어야 해."라는 생각이 떠나지 않는 사람보다 행복해질 확률이 훨씬 높다.

소득과 행복

시카고 대학교의 국립 여론 센터에서 실시한 설문조사 결과가 다음의 도표에 잘 나타나 있다. 전 국민을 여섯 집단으로 나누고 각각의 집단에서 행복한 사람의 비율과 불행한 사람의 비율을 표시했다.

여기 나타난 수치는 무엇을 의미할까? 이 수치를 두고 시카고 대학교는 돈이 많지 않은 사람들(1만 5천 달러라고 하면 큰 돈으로 여겨지겠지만 그것이 앞으로 살아나가야 할 유일한 재산이라면 결코 큰 돈은 아니다.)이 좀더 많은 돈을 버는 사람들에 비해 불행해지기 쉽다고 결론 내렸다.

그러나 연간 2만 5천에서 3만 5천 달러를 버는 사람들에 비해 7만 5천 달러를 버는 사람들이 훨씬 행복하지는 않았다. 이는 일단 기본 욕구가 해결되면 추가적인 돈이 있다고 해서 반드시 더 이상의 행복, 혹은 행복 자체를 보장하지는 못한다는 연구 결과를 볼 수 있다.

한국의 경우도 차이는 있겠지만 "돈이 많다고 해서 행복한 것은 아니다."라는 공식이 성립된다.

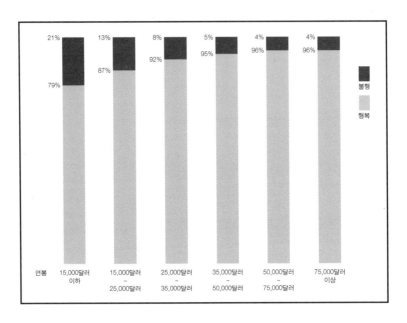

적게 벌수록 행복하다?

《당신의 돈, 당신의 삶*Your Money or Your Life*》의 공동 저자인 조 도밍게즈와 비키 로빈은 책을 준비하는 조사 과정에서 미국과 캐나다 전역에 걸쳐 천 명이 넘는 사람들에게 설문조사를 실시했다. 그들은 일일이 사람들을 붙잡고 자신의 처지를 다섯 단계

중에 하나로 규정하게 했다. 첫 번째 단계가 "비참하다", 가운데 세 단계는 "불평할 정도는 아니다", 그리고 마지막 다섯 번째 단계는 "행복하다" 였다.

그들은 수입과 행복 간에 전혀 상관관계가 없다고 주장했다. 실제로 그들의 설문조사에서 월 1천 달러 미만을 버는 사람들이 4천 달러를 버는 사람들에 비해 다소 행복한 것으로 나타났다. 이는 제한된 생계 수단을 가진 사람들이 부유한 사람들에 비해 불행하다고 결론지은 시카고 대학교의 조사 수치와 상반된다. 비교해 보자.

지금 우리가 알고 있는 한 가지는 미국인의 경우 40년 혹은 45년 전에 비해 결코 행복하지 않다는 사실이다. 예전에 비해 엄청난 물질을 소유하고 있음에도 말이다. 스스로를 "아주 행복한" 사람이라고 여기는 사람들의 숫자는 1957년 이후 점차 줄어들고 있다. 오늘날에는 집의 크기가 작고 가구 당 차의 보유 대수가 한 대를 넘지 못하던 예전에 비해 소비하는 자원의 양은 거의 두 배에 달한다.

이제 돈과 행복의 문제를 현명하게 생각해 볼 때이다. 예를 들어 인도 국민 한 사람에게 연간 1만 5천 달러는 엄청난 돈이다. 미국인들은 세계 어느 나라 사람들보다 많은 돈을 갖고 있기 때문에 다른 민족에 비해 다소 특이한 돈 관념과 소유의 개념을 갖고 있다.

이 책의 목표가 남보다 많이 갖고 있다는 이유로 여러분에게

죄의식을 심어주거나 지구촌이 한 가족임을 깨우쳐주기 위함은 아니다. 그러나 여러분이 지금 가진 것에 감사하는 법을 배우고 돈을 잘 다룰 줄 알게 되면, 그리고 끝없는 욕심을 자제하려고 노력할 수 있다면 여러분은 좀더 쉽게 행복과 만족을 아는 사람이 될 수 있다.

돈과 사회적 책임

돈과 사회적 책임이 병행한다고 믿는 사람들이 있다. 반면 전혀 상관없는 요소라고 믿는 사람들도 있다. 사회적 책임이라는 말에는 수없이 많은 정의가 존재하고 나름대로의 사회적 책임을 갖고 있는 사람들 역시 세상에는 많다.

그렇다면 이들은 왜 그렇게 사회적으로 책임 있는 사람들이 되고자 하는 걸까? 유행이라서? 아니면 그것이 사회를 지탱하는 데 필요하고 전세계의 나머지 인류에게 도움을 주는 일이라서? 확실한 것은 사회적으로 책임감이 있다고 주장하는 사람들은 모두 각자의 윤리지침을 갖고 있고 나름대로 사회적 책임감에 대한 개념이 정립되어 있다는 점이다.

개인적으로 나는 사회적 책임감이란 세상에서 나의 자리를 깨닫는 일이요, 타인에게 도움을 줄 수 있는 일을 하고 내 주변의 환경을 아끼고 보호하는 일이라고 생각한다.

그렇다고 가진 돈의 10퍼센트를 반드시 자선단체에 기부해야 한다거나 차를 몰지도 타지도 말아야 한다는 이야기는 아니다. 수도원에 들어가서 남은 인생을 차갑고 딱딱한 바닥에서 보내는 일, 혹은 가진 재산을 모두 포기하는 일만이 사회적으로 책임 있는 행동은 아니다. 그저 가진 것에 감사할 줄 알고 능력이 있을 때 다른 사람에게 도움을 줄 줄 아는 것을 의미한다.

부자들은 늘 사회적인 책임감과 가진 것을 남들에게 나누어야 한다는 압박감을 느낀다. 컴퓨터의 황제 빌 게이츠와 그의 아내는 '빌 앤 멜린다 게이츠 재단' 을 세우고 전세계인의 건강과 학업을 증진시키기 위한 박애주의적인 뜻으로 170억 달러의 기금을 내놓았다. 2000년도 초반에 이들 재단이 각종 지부에 지원해준 금액만도 근 7억 달러에 달했다.

물론 빌 게이츠의 재산이 800억 달러 이상의 값어치를 갖고 있는 마당에 몇 억 달러 정도쯤 여기저기 나눠준다고 별 대수냐고 여기는 사람이 있을 것이다. 하지만 여기서 강조하고 싶은 점은 돈을 가진 사람은 적어도 자신이 가진 것의 일부도 갖지 못한 사람들에게 나눠줄 생각이라도 해야 한다는 것이다.

아는 사람들을 돕자

주변을 둘러보자. 여러분보다 가지지 못한 사람들을 쉽게 찾을 수 있다. 찾고자 하는 의지만 있다면 멀지 않은 곳에 여러분의 손길로 행복해질 수 있는 사람들이 있을 것이다.

노숙자들이 모인 곳이나 무료 급식소, 혹은 가난한 사람들이 헌옷가지나 가구를 사는 벼룩시장도 있을 수 있다. 도와준다고 돈을 내놓는 식으로 사회적인 책임을 지려고 할 필요는 없다. 단 몇 시간이고 짬을 내거나 더 이상 입지 않는 옷가지를 기부하는 것만으로도 충분히 도움이 된다.

생면부지의 사람들에게도 도움을 주자

나는 최근 기독교 세계 봉사단에서 후원하는 길거리 자선기금 마련행사에 참가했다. 8킬로미터를 걸으며 우리보다 불행한 처지에 있는 사람들을 위한 기금을 걷었다. 1킬로미터가 지날 때마다 우리를 도와줄 후원인들을 만나고 우리들이 가진 돈도 얼마간 내기도 하면서 고된 발걸음을 이어나갔다.

물론 우리는 이렇게 모은 기금이 얼굴도 모르는 사람들에게 돌아갈 것이다. 도대체 우리가 모은 돈이 어디에 쓰일지, 또 누구에게 돌아갈지 알지 못했다. 다만 작으나마 우리보다 가난한 누군가에게 도움을 줄 수 있다는 사실을 알았을 뿐이다.

세상에는 사회적인 책임감을 갖고 늘 실천하고자 노력하는 사람들이 참으로 많다. 부자들이 자신의 것을 남들에게 나눠주기로 결심하면 보다 많은 사람들에게 자극을 줄 수 있다. 하지만 가진 재산의 많고 적음에 상관없이 나보다 적게 가진 사람들에게 어떤 식으로든 도움을 주는 일은 누구나 할 수 있다.

돈을 소중히 다루고 현명한 시각으로 돈의 중요성을 깨닫고자 노력하면 자신이 가진 것에 감사하고 만족하는 일도 그만큼 쉬워진다. 물론 다른 사람들이 나보다 얼마나 부속한 삶을 사는지도 깨달을 수 있다.

이것만은 알아두자

◇ 돈 문제는 부부나 가족 간에 가장 빈번히 발생하는 갈등 요인이다.

◇ 약간의 창의성과 기지만 있으면 돈을 많이 쓰지 않고 즐겁게 사는 법을 얼마든지 찾아낼 수 있다.

◇ 사람들마다 의견이 분분하지만 대부분의 연구 결과는 돈과 행복은 큰 상관관계가 없다고 말한다.

◇ 나보다 불행한 처지에 놓인 사람들과 나누며 살기 위해서 반드시 많은 돈이 필요하지는 않다. 마음이 중요한 것이다.

02

돈은 어떻게 벌어야 할까?

10대들은 부모님들에게 용돈을 받는다. 용돈은 항상 모자란다. 〈돈은 어떻게 벌어야 할까〉에서는 필요한 물건을 사기 위해 돈을 벌 수 있는 방법, 즉 어떻게 근사한 일자리를 구해 일과 여가 시간을 적절히 조정할 수 있는지에 대해 알아보자. 그리고 여러분이 가진 순자산이 어느 정도인지, 생각지도 않던 돈을 찾아내는 방법에는 어떤 것들이 있는지도 살펴보자.

돈은 얼마나 가졌든지 간에 항상 부족하다고 느껴진다. 돈이
있을 때는 갖고 싶은 물건과 하고 싶은 다른 일들이 항상
떠오르기 때문이다. 사실 지금보다 돈을 더 많이 모으는
방법들도 없지는 않다.
심지어 집안일을 더 많이 하는 조건을 걸고 용돈을 올려달라며
가족들과 협상을 벌일 수도 있다. 어쩌면 새로운 일거리를
찾거나 보수가 더 많은 새로운 일자리를 구해야 할 때인지도
모른다.

헉! 버스카드 충전해야 하는데 돈이 없잖아?

이런이런-

저어. 같은 학교 맞죠? 1학년 2반인데 버스 카드 좀…

한번 탈거밖에 안 남았어.

에휴. 학교까지 뛰어 왔더니 진짜 기운 빠진다.

헉헉-

소미야. 왜 이렇게 늦었어?

소미야. 끝나고 떡볶이 먹으러 가자. 맛있는 집 알아뒀어.

저기. 내가 오늘 돈이 하나도 없어서 말야… 좀 .. 꿔주면 안될까?

어? 내가 좀 바빠서-

엄마. 아침엔 죄송해요. 아껴 쓸게요… 용돈 주실거죠?

…

1. 용돈의 위력

돈이 금고 속에 있으면 아무런 소용이 없으며 돈은 효율적으로 사용할 때 그 가치가 있다.

돈이 필요하다는 사실은 여러분도 알고 있다. 문제는 어떻게 돈을 얻느냐이다. 앞에서 우리는 돈이 곧 우리 사회에서 결코 피할 수 없는 현실임을 확인했다. 비록 돈이 얼마나 필요하고 돈으로 무엇을 해야 하는지에 대해서는 의견이 분분하지만 돈이 중요하다는 사실에 대해서는 모든 사람들이 같은 의견이다. 다시 말해 교육을 받고 편안한 생활을 누리며 토요일 밤 외출에 대비해 머리를 근사하게 다듬기 위해서라도 돈이 필요하다.

많은 10대 청소년들은 자신들이 충분한 돈을 가지고 있지 않다고 생각한다. 그런 생각에 짜증낼 필요는 없다. 주변에는 여러분들과 같은 생각을 가진 친구들이 많이 있다. 청소년뿐 아니라 어른들도 마찬가지다. 기업들은 우리에게 자신들의 물건을 사도록 강한 압력을 행사한다. 우리에게 이 모든 종류의 상품이 필요하다고 가장 효과적인 방법으로 설득하고 있다.

아무튼 오늘날 청소년들은 과거에 비해 훨씬 많은 돈을 지출한다. 문제는 살 것들이 너무 많다는 데 있다. 이삼십년 전만 해도 쇼핑몰은 거의 없었고 10대들이 쇼핑몰 주위를 배회하는 일도 없었다. 당시에는 수백만 가지의 근사한 제품들을 파는 인터넷이 존재하지도 않았다. 하지만 지금은 쇼핑몰을 걷다보면 한군데의 상점에서도 갖고 싶은 물건을 수백 가지나 발견한다. 오늘날 인터넷을 통하면 꿈에 그리던 거의 모든 제품을 찾을 수 있고 살 수도 있다.

돈으로 살 수 있는 물건들은 엄청나게 많은데 비해 자신이 가진 돈이 얼마 안 된다는 사실을 깨달을 때면 당연히 스스로의 현재 모습을 초라하게 느끼기 마련이다. 그래서 지금부터는 돈을 얻는 다양한 방법에 대해 이야기한다. 비록 많은 10대 청소년들이 부모에게 용돈을 타서 쓰지만 자신이 원하는 만큼 용돈을 받는 경우는 거의 없다. 많은 청소년들이 시간제 일자리를 구하는 것도 그 때문이다.

용돈의 철학

용돈에 대한 사람들의 의견은 모두 제각각이다. 어떤 부모들은 아이들에게 정기적으로 용돈을 주는 것이 중요하다고 한다. 반면 어떤 사람들은 아이들에게 돈이 필요할 때마다 조금씩 주는 편이 낫다고 생각한다. 집안일과 연관해서 용돈을 주어야 한다고 생각하는 사람도 많다. 또 집안일은 가족으로서 당연히 서로 도울 뿐 반드시 돈을 줄 필요는 없다고 말하는 사람도 있다.

어른들이 용돈에 대해 여러 가지 강한 주장을 펴는 데 반해 몇몇 조사에서 청소년들의 의견은 크게 두 가지로 나타난다.

■ 용돈이 유익하다.

■ 지금보다 용돈을 더 많이 받아야 한다.

그렇다면 이제부터 일반적으로 용돈에 대해 사람들이 어떤 철학을 가지고 있는지 왜 그렇게 생각하는지 알아보자. 용돈에 대한 사람들의 서로 다른 태도를 이해하면 부모님의 입장을 이해할 때도 도움이 된다. 아울러 용돈 문제로 가족들과 상의를 하는 경우에도 유용할 수 있다.

집안일의 대가로 용돈 벌기

용돈의 가장 전형적인 형태는 집 주변의 잡다한 일을 한 대가로 받는 돈이다. 실제 많은 가정에서는 이런 식으로 용돈을 준다.

어떤 사람들은 아이들과 청소년들이 가족의 일원이기 때문에 집안일을 반드시 도와야 한다고 생각한다. 모든 가족 구성원들은 가정을 유지하는 데 필요한 일을 기쁜 마음으로 서로 도와야지 돈을 받기를 원해서는 안 된다고 말한다.

따지고 보면 어머니가 일주일에 두 번씩 가족들의 빨래를 하고 화장실을 깨끗이 청소했다고 용돈을 받는가? 아버지가 화단을 가꾸고 매주 월요일이나 목요일에 쓰레기를 내놓았다고 해서 돈을 받는가? 그렇지는 않다고 그들은 말한다.

집안일에 대한 대가성 용돈 지급을 반대하는 사람들은 10대들이 자신들의 침대를 정리하고 식탁을 차렸다고, 혹은 빨래를 개거나 치웠다는 이유로 용돈을 받아서는 안 된다고 말한다. 더욱이 자기 침실 바닥에 책이나 빈 음료수 캔, 속옷을 팽개치지 않았기 때문에 돈을 받는 것은 분명 잘못된 일이라고 주장한다. 가족의 일원임을 기쁘게 여긴다면 그 정도의 집안일은 기꺼이 행복하게 불평하지 말고 실천해야 한다는 것이다.

옳은 말이다. 그러나 흥겹게 휘파람을 불면서 쓰레기통을 비우고 밝은 미소를 지으면서 부엌 바닥을 걸레질하는 10대를 본 적이 있는가? 가족의 일원이라는 사실을 떠올리면서 언제나 행복을 느끼는 청소년은 결코 없다. 내가 10대였을 때와 마찬가지로 지금 우리 집 아이들도 절대 그런 모습을 보인 적이 없다.

완벽한 세상에서는 우리 모두가 집안일을 하면서 행복해할 것이다. 청소할 화장실이 있고 부엌 바닥을 닦을 물이 있으며 이 모든 일을 해치울 정도로 충분히 건강하다는 사실에 감사하면서…. 하지만 대부분 인간의 본성은 집안일을 여가시간에 하고 싶은 재미난 일로 생각하지 않는다.

만일 용돈을 주지 않으면서 아이들에게 집안일을 하도록 설득할 수만 있다면 그렇게 하라고 권하고 싶다. 결국 누군가는 쓰레기통을 비워야 하니까 말이다.

조건 없이 용돈 주기

용돈에 관한 이론 중 다른 한 가지는 아무 조건 없이 용돈을 주는 것이다. 이 경우 청소년들은 자기 스스로 용돈을 벌지 않고 단지 부모님에게 용돈을 타서 쓴다.

대부분의 부모들은 자기 아이들이 커서 훌륭한 인간이 되기를 바란다. 토요일 밤 창문 밖을 내다봤을 때 아들이나 딸이 경찰과 동행해 현관으로 들어오기를 기대하지는 않는다. 잘못을 저질러 학교 선생님에게서 직접 전화가 걸려오기를 바라는 부모는 없다. 용돈을 받는데 아무 조건이 없는 경우라도 이런 일들이 발생하면 제약이 생길 수밖에 없다.

경고!!

아무 조건도 없이 용돈을 많이 줄 경우 자녀들이 돈에 대해 비현실적인 기대를 갖는다고 전문가들은 경고한다. 10대들은 돈을 벌기가 힘들다는 사실을 알아야 한다. 그렇지 않으면 커서 크게 놀랄 일을 겪을 것이다.

많은 사람들이 조건 없이 용돈을 주는 사고방식에 대해 비판한다. 하지만 그렇게 용돈을 주는 대부분의 부모들은 어떤 식으로든 아이들에게 돈을 주게 마련이니까 차라리 용돈이라는 이름으로 주는 편이 낫다고 말한다. 예를 들어 옷과 물건을 사라고 이틀에 한번씩 2만 원의 돈을 내주는데 차라리 일주일에 한번 5만 원의 용돈을 주고 아이 스스로 알아서 관리하도록 가르치는 편이 더 낫지 않은가?

용돈으로 돈 관리법 가르치기

용돈을 통해 아이들과 청소년들에게 돈을 스스로 관리하도록 가르치는 부모들이 크게 늘었다. 아이들에게 돈을 관리하는 습관을 일찍 가르칠수록 좋다는 부모들에게 이 방식은 큰 호응을 얻고 있다.

때때로 부모들은 용돈 사용에 대해 지침을 제시하기도 한다. 예를 들면 다음과 같다.

- 용돈의 60퍼센트는 알아서 쓴다.
- 30퍼센트는 저금을 한다.
- 10퍼센트는 좋은 일에 쓴다.

예를 들어 용돈을 일주일에 5만 원을 받았다면 3만 원은 알아서 쓴다. 하지만 1만 5천 원은 저금을 한다. 나머지 5천 원은 교회나 성당의 헌금 또는 자선 단체에 기부해 좋은 일에 써야 한다. 물론 용돈을 어떤 식으로 쓰라고 정하는 방식은 집집마다 다르기 때문에 지침도 여러 가지일 수 있다.

다른 사람을 돕는 일을 중요하게 여기는 가정이라면 용돈의 30퍼센트나 40퍼센트를 자선 목적에 쓰라고 정할지도 모른다. 자선 사업에 관심이 없는 집에서는 그런 지침을 내리지 않을 수도 있다. 마음대로 쓸 수 있는 3만 원은 용돈 관리를 가르치는 데는 가장 중요하다.

3만 원으로 여러 가지 일을 할 수 있을 것이다. 물론 3만 원을 쓰는 방식도 집집마다 내용이 다르다. 용돈으로 도시락과 간식, 영화비, 학용품까지 해결하기를 바라는 부모가 있을 수 있다. 하지만 학교를 마친 후 간식거리나 몇 가지 물건밖에 못산다고 생각하는 부모도 있다.

어떤 가정에서는 아이들이 절약하면 보상을 해준다. 예를 들어 도시락을 싸서 학교에서의 점심 값 3천 원을 아꼈다면 그 3천 원은 알아서 쓰도록 준다.

용돈 사용을 통해 아이들에게 돈 관리를 가르치려면 부모들이 몇 가지 규칙을 따라야 한다고 전문가들은 말한다.

- 용돈 사용에 대한 지침이 명확해야 한다. 10퍼센트의 용돈은 좋은 일에 쓰고 30퍼센트는 저금하라고 지침을 분명히 일러줘야 한다.
- 용돈 외에 무엇을 사줄 것인지에 대해서도 분명하게 말한다. 옷, 도시락, 아니면 장난감만.
- 10대들이 사는 물건에 대해서 부모가 통제할 수 있음을 알려준다. 예를 들어 자녀가 모욕적인 가사 내용을 담은 CD

를 사지 않았으면 할 때가 있다. 이런 경우 분명히 어떤 종류의 물건은 살 수 없다고 일러둔다.

- 매주 정한 날짜에 정한 만큼의 용돈을 준다. 아니면 미리 아이들의 동의를 받아놓는다.
- 결코 용돈을 보태줘서는 안 된다. 만약에 2만 원 하는 새로운 게임기를 사서 친구들과 극장에 갈 돈이 없다면 그것은 그 사람의 잘못일 뿐이다.
- 추가로 돈을 벌 수 있는 기회를 준다. 가령 집안일을 더 하거나 아기를 돌보았을 때 돈을 주기로 약속한다.

집안일의 대가로 주는 용돈, 아무 조건을 붙이지 않은 용돈, 돈 관리를 가르치기 위한 용돈이 청소년들에게 주는 가장 일반적인 형태의 용돈이다. 하지만 어떤 집에서는 아예 용돈을 주지 않는 경우도 있다.

용돈이란 없다

일부 가정에서는 용돈을 전혀 주지 않는다. 돈을 줄 형편이 안 되거나 용돈을 주는 것이 옳지 않다고 생각하기 때문이다. 어떤 부모는 용돈에 대해 이렇게 말했다. "나는 용돈을 주는 것을 좋아하지 않습니다. 아이들이 돈을 제대로 쓰기를 바라기 때문에 특별한 물건을 사거나 활동할 때만 돈을 줍니다." 또 다른 학부모는 이런 말을 했다. "용돈을 주지 않는 것이 가장 좋다고 생각해요. 아이들이 고른 물건을 보고 괜찮다고 생각할 때만 돈을 주지요. 돈을 낭비하고 싶다면 자기들 스스로 벌어서 써야지요."

지금까지 용돈을 받지 않았는데 이제는 받고 싶다는 생각이 들면 먼저 부모님께 대화를 청해보자. 그리고 용돈이 필요한 이유를 목록으로 작성해 먼저 자신의 생각을 말하고 부모님의 의견을 들어보자. 아마 부모님은 다 자란 듯한 여러분의 태도에 놀라면서도 기뻐할 것이다. 한편 부모님의 결정에 여러분이 놀랄 수도 있다.

이미 여러분도 확실히 알았겠지만 용돈은 어디까지나 가족 내부의 문제이며 가정 내에서 결정을 내려야 한다. 이런 사실을 이미 깨닫고 가족 내에서 원활하게 의사 결정을 내리는 가정도 있다.

과연 용돈은 얼마가 필요할까?

여러분에게 용돈을 얼마나 받아야 하는지 물어보면 이구동성으로 이렇게 대답할 것이다. 더 많이. 전문가들은 나이별로 1천

원 정도 계산하라고 충고한다. 이 경우 여러분의 남동생이 일주일
에 1만 2천 원을 받을 때 여러분은 1만 6천 원을 받을 수도 있다.

용돈을 늘려 받기 위한 방안

용돈을 받아도 필요한 물건을 모두 사기에는 턱없이 부족할 때
여러분은 어떻게 하겠는가? 우선 다른 친구들도 여러분과 똑같이
생각한다는 사실을 알아두자. 돈은 쓰기보다 벌기가 훨씬 어렵다
는 사실은 누구나 알고 있다. 그리고 시간이 지날수록 돈을 쓸 곳
은 늘어나기 마련이다.

만일 용돈이 더 필요하다면 잠시 상황을 판단해 보자. 여러분
의 부모님은 매년 용돈을 올려주시는가? 그렇다면 올해가 거의
끝나간다고 가정할 때 여러분의 용돈은 머지않아 자동적으로 올
라갈 테고 여러분은 가만히 그날을 기다리기만 해도 큰 문제는 없
을 것이다.

돈이란 만일 부모님께 용돈을 올려달라고 말하고 싶다
면 조용히 대화할 기회를 찾아보자. 그렇지 않
고 무작정 달려들어 떼를 쓰면 양쪽 모두 기분
만 상할 경우가 많다.

최근에 집안의 형편이 갑자기 바뀐 적이 있는가? 아버지가 한 달 전에 직장을 그만두셨다면 용돈을 올려달라고 말하기에는 정말 나쁜 상황이다. 부모님이 새 자동차를 구입했거나 새 집을 짓기 시작했다면 역시 그런 말을 하기에 적당한 시기라고 할 수 없다.

하지만 모든 상황이 예전과 다름없고 당장 용돈이 올라갈 기미가 없다면 여러분은 부모님께 다가가 용돈을 올려달라고 요청할 수 있다. 하지만 용돈을 올려달라고 요청할 때는 다음의 규칙을 지켜야 할 것이다.

협상하기

협상에 관한 책은 많지만 마음씨 좋은 엄마, 아빠에게 용돈을 올려 받을 때 적용할 수 있는 책은 많지 않다. 어쨌든 여러분이 자신감 없이 망설이고 있다면 다음 협상의 원칙들이 도움이 될 것이다.

- **여러분의 자랑거리에 대한 목록을 준비하자.** 지난 학기에 평균 90점 받았다거나 약속을 잘 지켰다든지 최근에 여러분이 잘했다고 생각하는 일들을 적는다.
- **낭비를 줄이는 방법, 특히 가계비를 절약하는 방법을 목록으로 작성하자.** 방을 비울 때 항상 전등을 끄려고 특별히 노력한 적이 있는가? 물을 아끼려고 노력한 적이 있는가? 이런 노

력들은 여러분이 책임감 있게 행동한다는 사실을 부모님께 보여준다.

- **새로운 일거리를 맡겠다고 제안하자.** 방청소를 한다거나 빨래를 할 수도 있다.

- **용돈을 어디에 쓰는지 정리해서 부모님께 보여주자.** 대부분의 부모들은 여러분이 어떤 물건을 사며 물건값이 얼마인지에 대해 분명하게 모른다. 예를 들어 어머니가 그동안 자판기에서 음료수를 뽑아 마신 적이 없다면 콜라 값이 5백 원 아니라 2백 원이라고 생각할 수도 있다.

- **자신이 원하는 대로 의논이 되지 않아도 차분하고 침착하게 행동하자.** 화를 내거나 떼를 쓰면 아무것도 얻을 수 없다.

- **친구들은 용돈을 얼마나 받고 용돈을 벌기 위해 무엇을 하는지 생각하자.** 친구들이 자신보다 일주일에 1만 원 이상 용돈을 더 받는다는 사실을 부모님은 모를 수도 있다. 그렇지만 집집마다 가정 형편이 다르다는 사실을 명심한다.

- **용돈을 올려 받으려고 억지를 쓰거나 험악하게 굴어서는 안된다.** 예를 들어 용돈을 1만 원에서 2만 원으로 당장 올려주지 않으면 집안일을 그만둬 버리겠다거나 다시는 가족들과 말을 하지 않겠다든지 해서는 곤란하다.

- **최근 형제나 자매가 용돈을 올려 받았으면 어떻게 용돈을 올려달라고 했는지 물어보자.**

■ **부모님의 기분이 좋을 때를 노린다.** 전문가들에 따르면 사람은 행복하고 기분이 좋을 때 더 많은 것을 준다고 한다.

여러분이 어른스럽게 차근차근 용돈을 올려달라고 요구하면 부모님은 분명 깊은 인상을 받게 된다. 여러분 때문에 기분이 좋아지면 원래 예상보다 용돈을 더 많이 올려줄 수도 있다.

부모님이 용돈 올려주기를 거부했다고 해서 여러분이 화를 내거나 부루퉁해 한다면 부모님도 기분이 상해 용돈 문제를 다시 생각하는 데 더 오랜 시간이 걸릴지도 모른다.

언제 그만둘지를 알아야 한다

만약 용돈을 올려달라고 요구한 지 석 달이 지나도록 부모님의 반응이 없다면 이 문제는 당분간 잊도록 하자. 여러분에게 말하지는 않지만 용돈을 올려주기 어려운 사정이 부모님에게 있을 것이다. 어쩌면 아버지의 회사 사정이 좋지 않을 수도 있다.

부모들은 자식들이 걱정하는 것을 원하지 않는다. 그래서 문제가 있어도 알려주기를 꺼린다. 현재에 만족하고 다음에 한차례의 협상을 가지기 전까지 두 달 정도 기다리자. 비록 성에 차지는 않지만 용돈이야말로 여러분이 가장 쉽게 돈을 얻는 방법이다.

이것만은 알아두자

◇ 오늘날 10대들은 과거에 비해 더 많은 돈을 받고 더 많이 소비한다.

◇ 용돈에 관한 사고방식은 사람들마다 다르다.

◇ 전문가들은 용돈이 10대들에게 돈을 관리하는 방법을 가르치는 좋은 도구라고 말한다.

◇ 용돈을 얼마나 받는 것이 적절한지에 대해서는 의견이 다양하다. 많은 전문가들은 나이에 따라 1천 원씩 계산하는 방법을 권장한다.

◇ 용돈을 올려 받을 생각이라면 부모님과의 협상에 주의해야 한다.

2. 용돈 외의 돈

현명한 사람은 배움을 얻으려 하고, 굳센 사람은 자기 자신을 억제하고, 풍부한 사람은 자기 소득에 만족을 느끼는 사람이다.

부모님의 용돈만으로는 더 이상 자신의 씀씀이를 감당하지 못하는 시기가 10대들에게는 오기 마련이다. 매주 타 쓰는 2~3만 원의 돈이 부족한 것은 물론이고 매번 부모님께 손을 벌려야 한다는 사실에 짜증이 난다. 이 시기는 사람들마다 다르지만 때가 되면 여러분 스스로 알게 된다.

이 무렵에는 어디에 가고 싶거나 무엇을 사고 싶을 때마다 항상 부모님을 찾아야 한다는 사실에 더없이 불편함을 느낀다. 경제적인 독립에 대한 욕구가 갈수록 커진다. 부모로부터 독립할 수 있는 방법을 찾으며 고심하느라 시간도 제법 허비한다.

이 시기에 이른 대다수의 10대 청소년들에게 줄 수 있는 답은 일자리를 찾으라는 것이다. 일을 하라고 하면 여러분 중에는 대단히 들뜨는 사람도 있을 테고 또 전혀 흥미를 느끼지 못하는 사람도 있을 것이다. 자신이 일에 대해 흥미를 못 느끼는 축에 속한다면 중단하지 말고 이 책을 계속 읽어가자.

일단 성격이 다른 여러 종류의 일자리가 있다는 사실을 떠올리면 일이 지루하다기보다는 좋은 기회라는 사실을 깨닫게 된다. 세상에는 선반에 물건을 쌓거나 햄버거를 튀기는 일만 있지 않다. 한편으로는 그런 일조차도 앞으로 더욱 크고 좋은 일거리를 찾는 출발점이 될 수도 있음을 명심하자.

언제쯤 일자리를 찾아야 할까?

언제부터 일을 찾기 시작해야 할까? 여러분이 다음 내용에 해당한다면 이제 일자리를 찾아나서야 할 때가 되었다고 생각해도 좋다.

- 하고 싶은 일, 사고 싶은 물건이 있지만 늘 돈이 부족하다.
- 계속해서 돈을 달라고 부모님께 말해야 하는 입장이다.
- 특별히 하는 일도 없어 자주 지루하다고 느낀다.
- 새로운 경험 거리를 찾고 있다.
- 새로운 사람들을 만나면 재미있으리라고 생각한다.
- 가령 여행 경비 등 특별한 목적으로 돈을 모을 결심을 한 상태이다.

위의 조건들 중 일부가 여러분의 생각과 일치한다면 일자리를 구할 때라고 볼 수 있다.

나이에 따라 할 수 있는 일은 다르다

청소년들이라고 어떤 일이든 할 수 있는 것은 아니다. 한국의 경우 근로기준법에서 15세 미만인 사람은 취업하여 돈을 벌 수 없다고 법으로 정하고 있다. 다만 노동부장관이 발급한 취직인허증을 가지고 의무교육에 지장이 없으면 가능하다.

그리고 18세 미만인 사람들이 취업해서는 안 될 사용금지 직종을 근로기준법 시행령으로 정하고 있다. 18살 미만자의 경우 양조, 정신병원 및 교도소 업무, 소각 또는 도살 업무 등에 취업할 수 없도록 명문화했으며, 유흥주점, 단란주점, 비디오방, 노래방, 전화방 등 청소년보호법 등에서 고용이나 출입을 금지하고 있는 업종도 취업금지 대상에 포함시켰다.

이런 금지된 직종인 술을 파는 식당에서 일할 생각이라면 여러분은 계획을 바꿔야 할 것이다. 그리고 15세 이상 18세 미만인 자의 근로시간은 1일에 7시간, 1주일에 42시간을 초과하지 못하며, 당사자간의 합의에 의하여 1일에 1시간, 1주일에 6시간을 한도로 연장할 수 있다고 근로기준법에서는 일하는 시간도 제한하고 있다.

최저임금과 급여 기준

최저임금은 근로자 임금의 최저수준을 보장하여 근로자의 생활안정과 노동력을 질적으로 향상시키고 국민경제의 발전을 위하여 법으로 정하고 있다.

최저임금은 오랜 세월 동안 논쟁의 대상이었다. 어떤 사람들은 최저임금이 부당하고 고용주 스스로 피고용인에게 줄 임금을 정해야 한다고 말한다. 어떤 사람들은 최저임금의 인상으로 사람들이 직업을 잃는다고 생각한다. 최저임금제를 지지하는 많은 사람들은 모든 근로자들이 윤택한 삶을 살기에 충분할 만큼의 급여를 받아야 한다고 말한다.

만일 여러분이 패스트푸드점에서 일하거나 식당에서 음식 배달을 한다면 최저임금을 받을 가능성이 있다. 그래도 요즘은 많은 직장에서 일할 사람들을 끌어들이기 위해 첫 급여를 높게 책정한다는 사실을 염두에 두자.

일을 시작하기 전에 장래의 고용주가 급여의 기준을 어느 정도로 생각하는지 확인하자. 급여가 언제, 얼마나 오를지 궁금하지 않은가? 여러분의 급여는 근무 실적에 따라 오르는가, 아니면 근무 기한에 따라 오르는가? 모든 직원들에게 똑같은 금액이 인상되는가? 혹은 정기적으로 급여가 인상된다는 사실을 믿을 수 있는가? 일을 하겠다는 결정을 내리기 전에 여러분에게 어떤 기회가 있는지 물어보기를 주저해서는 안 된다. 여러분이 공손하고 정중하게만 행동한다면 궁금한 모든 사항을 질문할 권리가 있다.

모든 일자리가 동등하지는 않다

일자리를 구할 생각이라면 자신이 어떤 종류의 일을 하겠다는 짐작 정도는 가지고 있을 것이다. 어쩌면 여러분은 쇼핑몰에 위치한 세련된 의류매장이나 대형 할인점의 계산대에서 일하려고 마음먹을 수도 있다.

먹을거리를 좋아한다면 지역 농산물 시장이나 식품점에서 일할 생각을 했을 것이다. 통신판매 혹은 보석 가게를 예상할 수도 있다. 시간제 근로자를 찾는 일자리는 많으니까 여러분에게 주어진 선택의 기회는 많다. 그렇다고 모든 일자리가 똑같지는 않다는 사실을 명심해야 한다.

육체노동

신체에 별다른 이상이 없고 힘든 일을 마다하지 않는다면 육체적인 노동도 그리 나쁘지 않다. 이런 일은 흔히 야외에서 이루어지기 때문에 많은 사람들이 매력을 느낀다. 구청에서 관리하는 공원의 잔디밭을 깎는다면 휴식 시간에는 친구와 잡담을 나누며 땀을 식힐 수도 있다. 한편 같은 곳이라도 창고 일을 할 경우에는 무거운 상자를 나르고 수량 파악도 해야 한다. 앞서 말했지만 모든 일이 똑같지는 않다.

돈 이란

여러분이 흥미를 느끼는 일자리를 결정하기 전에 현재 거기서 일하는 사람을 만나 이야기를 나눠보는 것도 좋다. 아마 정말 근사한 일자리인지 혹은 자신에게는 맞지 않는지를 알 수 있다.

두뇌노동

만일 육체노동이 여러분에게 맞지 않는다면 다른 종류의 일자리가 나을지도 모른다. 사람들과 어울리는 일을 좋아한다면 판매직도 경험할 만하다. 컴퓨터와 떨어져서는 도저히 살 수 없다면 신문의 직업란에서 정보 입력이나 컴퓨터 관련 작업에 대한 광고를 찾자.

일단 일을 시작하면 끝까지 하라

지금 하는 일이 지옥 같다면 심각하게 자신의 상황을 평가해 보자. 일이 지루하다고 느끼면 창의성을 발휘하여 재미있게 일하는 방법을 구상하자. 상사에게 여러분이 다른 일을 할 수 있는지 물어볼 수도 있다.

일이 위험하고 안전이 보장되지 않을 경우에는 즉시 그만두는 편이 현명하다. 그러나 위험한 일이 아닌 이상, 자신이 할 수 있는 데까지는 일을 해야 한다. 지난 넉 달 동안 두 번이나 일자리를 옮긴 적이 있다면 장래의 고용주가 여러분을 좋게 볼 리가 없다.

일과 나머지 생활의 조화

오늘날 여느 10대들과 마찬가지로 여러분 역시 대단히 바쁘게 산다. 언제나 쉴 틈 없이 움직인다. 여러분은 수업을 마치면 학원을 가거나 과외를 받고 그리고 나서도 매일 밤 두세 시간씩 공부를 해야 하고 친구도 만나야 한다. 교회나 성당도 꼬박꼬박 나가는 학생들도 있다.

할머니께 문안 인사도 간다. 인라인 스케이트를 타려면 따로 짬을 내야 할 지경이다. 좋아하는 게임이나 농구도 빼놓을 수 없다. 그런데 이 바쁜 와중에 일할 시간을 어떻게 집어넣는다는 말인가? 좋은 질문이다. 다행히 10대일 때에는 늘 (아침 기상시간만 빼고) 활력이 넘쳐나 엄청나게 많은 활동을 하고도 버틸 수가 있다.

만약 여러분이 일을 시작한다면 우선순위를 매기는 법부터 익혀야 한다. 즉, 가장 중요한 일을 제일 먼저 하고 별로 중요하지 않은 일은 그 다음으로 미룬다. 일할 시간을 정할 때도 보다 체계적으로 시간을 관리하는 실력을 발휘해야 한다. 일을 하기로 결심했다면 적어도 일에 전념하겠다는 마음을 가져야 한다. 무엇보다도 일에 우선권을 줘야 한다. 일하러 가는 시간을 계획하고 오고가는 데 걸리는 시간도 따져봐야 한다.

고용주가 여러분이 일한 만큼 급여를 주기로 약속한 것과 마찬가지로, 여러분이 일을 하겠다고 동의하는 순간부터 여러분에게는 의무가 부여된다. 여러분은 지원서를 작성하기 전에 자신의 일에 따르는 책임과 일이 자신과 가족의 생활에 미치는 영향에 대해 미리 부모님께 이야기해야 한다.

일에는 돈보다 소중한 무엇이 있다

10대들 대부분은 돈을 벌기 위해 일을 한다. 많은 10대들이 단지 자신의 봉급에만 신경을 쓴다. 하지만 모든 직업은 (여러분이 배우려는 마음만 있다면) 경험을 쌓는 귀중한 배움터가 되며 일을 통해 여러분이 상상보다 훨씬 많은 것을 얻을 수 있다.

경험

모든 직업은 그 나름의 경험을 제공한다. 예를 들어 삼촌의 식당에서 일할 경우, 여러분이 주의를 기울여 묻기만 하면 요식업에 관해 예전에 몰랐던 사실들을 배울 수 있다.

여러분은 삼촌이 어떻게 그 많은 음식 재료를 주문하는지, 공급업자가 누구인지, 식탁에 오르는 채소, 고기는 어떻게 구하는지를 배울 수 있다. 쇼핑몰의 옷가게에서 일을 한다면 제품을 어떻게 주문하는지, 어떤 경로로 제품이 매장까지 오는지, 옷을 만드는 공장은 어디에 있는지도 알게 된다.

"무엇을 아는지가 아니라, 누구를 아는지가 중요하다." 라는 말을 들어보았을 것이다. 여기에는 분명 어느 정도의 진실이 담겨 있다. 여러분을 도와줄 사람이 세상에 얼마나 많은지 미처 깨닫지 못했을 것이다. 여러분이 명심해야 할 중요한 사실은 대부분의 사람들이 열심히 유쾌하게 부지런히 일하는 사람을 도와주려고 한다는 점이다.

여러분이 속한 지역 공동체 안에는 사업과 관련된 수많은 사람들이 있으며, 이들 중 일부는 장차 여러분에게 큰 도움을 줄 수 있다. 어쩌면 여러분이 다음 일자리를 구하거나 대학에 진학하려 할 때 추천서나 보증인이 필요한 경우도 있다. 훌륭한 직원, 최고의 일꾼이 되려고 노력하는 모습을 보여야만 여러분이 어려운 상황과 마주쳤을 때 주변 사람들은 기꺼이 도와준다.

창의적으로 돈 버는 법

세상에는 수많은 사람들만큼이나 수많은 직업이 있다. 햄버거를 팔거나 선반의 물건을 정리하고 아이스크림을 파는 등의 일반적인 10대들의 일자리에 매력을 느끼지 못한다면 뭔가 다른 일거리를 생각해 볼 수 있다.

여러분이 보통의 다른 직업보다 마음 편하게 시간을 활용하고 싶다면 다른 종류의 직업을 찾아보자. 돈을 버는 방법은 무수히 많다. 창의적으로 생각하고 찾아보자.

요리, 집 청소, 마당 일, 애완동물 돌보기, 가정교사, 음악 교습과 같은 일은 어떨까? 혼자 하는 일이든 직장에 소속된 일이든 간에 첫 번째 직업은 아주 중요하다. 주변의 어른들과 직업을 가진 다른 10대들에게 떳떳하게 조언을 구하자. 여러분이 믿음직하고 정직하며 부지런하고 또 배울 자세만 갖추고 있다면 아무것도 여러분의 앞을 가로막지 못한다.

이것만은 알아두자

◇ 더 이상 용돈만으로 버티기 힘들 때는 일자리를 구하는 것에 대해 곰곰이 생각해 보자.
◇ 근로기준법에서는 18세 미만의 청소년이 특정한 직종에서 근무하는 것을 금지한다.
◇ 최저임금은 법으로 정하고 있다.
◇ 사람들마다 자신의 능력과 적성에 맞는 직업이 모두 다르다.

3. 누구나 자신도 모르는 돈이 있을 수 있다

돈이나 물건은 그냥 주는 것보다도 빌려주는 쪽이 낫다. 그냥
얻으면, 얻은 쪽은 준 사람보다 밑에 있지 않으면 안 되지만,
빌려주고 빌린다면 대등하게 대할 수 있다.

어떤 사람들은 자신의 돈이 모두 얼마인지 동전 한 푼까지 정확히 안다. 이런 사람들은 자기 통장에 돈이 얼마나 들었고 예금 계좌의 거래 내역이 어떤지 자세히 알고 있다. 또 지난 1년 동안 붙은 이자가 얼마인지 가르쳐줄 수도 있다. 이런 부류의 사람들이 돈 때문에 놀랄 일은 별로 없다.

하지만 이런 사람들 외에 자기가 가진 돈에 대해 그다지 주의를 기울이지 않는 사람들도 있다. 간혹 신문이나 TV에 놀라운 사건이 등장하기도 한다. 자신조차 까맣게 잊고 있던 은행 계좌에서 우연히 5천만 원을 발견한다. 또는 죽은 남편의 옷장에서 1백만 원짜리 수표 50장과 현금 1천만 원이 든 구두 상자를 발견한다.

이런 일이 실제 우리에게 일어날 가능성은 매우 희박하다. 그렇지만 여러분도 자신의 돈이 어디에 얼마나 있는지 정확히 모를 수 있다. 어떤 경우에 이런 일이 발생할 수 있을까? 바로 부모님, 할아버지와 할머니, 친척들, 때로는 친구들이 아기의 출생기념 혹은 아이의 생일이나 특별한 날을 기념해서 은행 계좌를 만들어 줄 때가 그렇다. 만일 여러분의 가족 중에도 누군가 여러분을 위해 그런 일을 했다면 여러분 자신이 모르는 은행 계좌가 존재할 가능성이 있다.

아무도 그 이야기를 하지 않았으니 여러분이 모르는 것은 당연하지 않은가? 큰 돈이 들어 있지 않아서 계좌를 만들어준 사람도 신경을 안 쓰는지 모른다. 아니면 여러분이 자라서 통장을 관리할 나이가 될 때까지 통장을 쥐고 있을 가능성도 있다.

여러분의 이름이 적힌 5천만 원이 들어 있는 통장이 어디선가 나타나리라고는 감히 말할 수 없다. 하지만 그래도 여러분의 이름으로 된 통장 한두 개가 나타날 가능성은 충분하다. 여기서는 여러분이 미처 모르고 있는 여러분의 돈에 대해 살펴볼 것이다. 그리고 여러분의 총자산과 순자산이 얼마인지도 함께 알아본다.

자신의 생각보다 훨씬 부자일 수 있다

누군가 여러분을 믿고 큰 돈을 맡겼거나 혹은 여러분이 특별한 환경에서 살지 않는 한 10대인 여러분들이 자기만의 큰 돈을 가질 가능성은 매우 희박하다. 어쩌면 자신의 은행 계좌를 가졌거나 서랍 속의 통장에 5만 원을 고이 간직했을 수도 있다. 하지만 자신이 모르는 돈이 어딘가에 숨어 있을지도 모른다. 과연 그런 행운을 잡을 수 있을까? 함께 살펴보자.

생일 축하해!

앞에서도 잠시 언급했지만 친구들과 친척들이 때때로 아기나 아이들의 이름으로 은행 계좌를 만들어 주는 경우가 있다. 대개 큰 돈을 넣어 두지는 않고 (하지만 작은 통장이 여럿이라면 어떨까?) 때로는 대수롭지 않게 여기고 잊어버리는 경우도 있다.

하지만 어쨌든 통장은 계속 남아 있다. 또 경우에 따라서는 친척들이 여러분의 생일을 축하하기 위해 준 돈을 부모님이 모아서 따로 특별한 통장을 만들어 놓을 수도 있다. 내 아이들도 생일이나 명절에 받은 푼돈을 모아둔 통장을 가지고 있다. 여러분도 확인하기 바란다.

돈 이란

너무 큰 기대는 갖지 말고 부모님께 여러분의 이름으로 된 통장이 있는지 여쭤어보자. 은행에는 주인이 찾지 않는 돈이 의외로 많다. 이런 계좌를 휴면 계좌라고 한다.

저축채권과 기타 등등

은행 계좌 외에도 여러분의 이름으로 된 채권이나 주식이 있는지 알아보자. 일부 가정에서는 주식시장을 처음 가르쳐주기 위해 아이들에게 주식을 선물하기도 한다. 우량기업의 주식을 사서 아이들에게 줄 수도 있다. 여러분의 이름이 적힌 주식 증서가 있는지도 반드시 확인하자.

자산 추적하기

10대인 여러분이 가질 수 있는 자산은 실제 얼마 되지 않는다. 여기서 자산이란 여러분의 대차대조표에서 플러스로 표기된 모든 것을 가리킨다. 자산에는 어떤 것이 있는지 아래의 목록을 확인하자.

- **현금 계좌** : 저축성 예금이 대표적이다.
- **증권** : 기업의 지분을 소유하는 방식의 투자.
- **환급성 생명보험** : 생명 보험의 한 형태로 사망시 혜택과 이자 지급을 겸하는 방식.

위의 목록에서 자신에게 해당하는 것이 있는지 살펴보자. 적어도 한두 가지는 여러분도 가지고 있을지 모른다. 순자산을 이해하려면 위의 개념들을 기억해야 한다. 은퇴를 대비해 모아두는 돈과 투자금 역시 자산을 따질 때 포함해야 한다.

- **연금** : 예정된 기간 동안 일정하게 지급되는 수입원. 주로 보험회사와 퇴직 프로그램과 관련이 있다.
- **개인연금계정** : (뒤에서 자세히 다룬다.)
- **생활보조금** : 고용주의 후원으로 지급되는 노후 대책.

이와 같은 자산의 내용 대부분이 여러분과 직접적으로 상관이 없을지 모른다. 대부분의 10대들은 자신의 이름으로 된 집을 소유하고 있지 않고 연금을 받지도 않는다. 물론 회사의 주주로도 참여하지도 않는다. 그렇지만 앞으로 자신이 소유할 다양한 자산에 어떤 종류가 있는지 알아두면 유익할 것이다.

부 채

부채는 남으로부터 빌린 돈의 총계를 말한다.

일반적인 금융 부채에는 다음과 같은 것들이 있을 수 있다.(대부분의 10대들과는 상관이 없지만 재미삼아 알아두는 것도 좋다.)

- **개인 부채** : 개인에게 진 빚, 가령 어제 형에게 빌린 2만 원.
- **은행 융자** : 은행에서 빌린 돈.
- **대학 학비 대부금** : 교육을 받기 위해 빌린 돈.

여러분이 한 해 동안 소득세를 내야 할 정도의 돈을 벌었다면 납부할 세금은 순자산을 계산할 때 부채에 포함된다.
총자산 − 총부채 = 순자산

- **신용카드 청구서** : 물건 구입시 카드를 사용해 지불한 돈.
- **생명보험 대출** : 생명보험 가입시 보험가액을 담보로 빌린 돈.

> 신용카드의 사용으로 수백만 명의 사람들이 빚을 지고 있다. 신용카드의 부채가 많으면 순자산도 그만큼 줄어든다. 신용카드로 물건을 사고 싶을 때는 이런 사실을 반드시 기억하자.

부동산에 관한 부채는 다음과 같은 것들이 있을 수 있다.

- **주택** : 주택을 저당잡힌 경우.
- **수익성 부동산** : 부동산을 저당잡힌 경우.

미처 납부하지 않은 세금도 금융 부채에 포함된다.

- **자산 매각 소득세** : 주식이나 부동산과 같은 투자물 또는 자산을 매각해서 발생한 이익에 대한 세금.
- **소득세** : 한 해 동안 벌어들인 소득에 대한 세금.
- **재산세** : 대개는 시나 구에서 부동산에 대해 부과하는 세금.

나이가 들수록 자동차 대출, 학자금 융자, 담보와 같은 부채도 늘어난다. 납부할 세금이 늘어나면 부채 역시 증가한다. 하지만 안심해도 좋다. 여러분이 벌어들인 돈으로 부채를 상쇄할 수 있다. 재정 상태를 원활하게 유지하려면 총자산이 부채를 능가해야 한다.

정말로 금전 상태를 안전하게 유지하기 위해서는 자산에서 부채를 거의 없애야 한다. 돈을 제대로 관리하고 또 약간의 운만 따른다면 부채는 줄이고 자산만 풍부한 상태가 될 수도 있다.

나를 기다리는 돈이 있을까?

앞에서 여러분의 이름으로 된 자산, 즉 여러분 명의의 은행 계좌, 채권, 주식이 존재할 가능성에 대해서는 이미 이야기를 하였다. 정말 누군가가 여러분을 대신해 통장을 개설했거나 채권 또는 주식을 구입했다면 그들은 특정한 시기에 여러분에게 돈을 주려고 했음이 틀림없다.

'신탁'은 유언장과 비슷한 형태의 법률 문서이다. 미래의 지정된 시기에 수취인이 돈이나 부동산, 혹은 다른 자산을 받도록 맡겨 놓는다. 신탁기금은 은행이나 신용조합에서 저축이나 대출을 통해 조성할 수 있다.

신탁기금을 보유하는 기관은 처음 기금을 조성할 때 얼마 이상의 자금을 맡겨야 하는지, 기금에 붙는 이자가 얼마인지, 자금을 회수할 때 어떤 제약이 따르는지를 결정한다.

여러분은 신탁이 아니라 누군가의 유서로 미래에 돈을 받을 수
도 있다. 유서는 당사자가 죽었을 때 그의 자산을 어떻게 배분하
라는 내용을 적어놓은 법률 문서이다. 유서에는 고인의 자산뿐만
아니라 그의 신체, 장례식 등에 관한 내용을 담기도 한다.

아이의 이름으로 신탁에 맡겨진 돈은 처음 기
금을 조성한 사람의 의도에 따라 특정한 시기
에 뭉칫돈으로 혹은 시간을 두고 여러 차례에
걸쳐 지급된다.

어쩌면 여러분은 어느 날 장학금으로 돈을 받을지도 모른다.
이러한 형태의 돈은 거의 언제나 약정된 조건에 따라 지급되기 때
문에 여러분이 장학금을 받아 그 돈으로 시골의 사과 농장에서 사
과를 따며 지낼 생각을 하면 큰 오산이다.

어느 정도의 돈이 어딘가 안전하게 보관되어 있고 언젠가는 이
돈을 타 쓸 수 있다고 생각하면 여러분은 큰 안도감을 느낄지도
모른다. 여러분이 현재 쓰는 용돈, 혹은 직업에 구태여 집착하지
않아도 되니까 말이다.

하지만 어딘가에 여러분의 이름으로 된 돈이 있다고 해서 게
으름을 피우거나 그 돈에 지나치게 의존해서는 안 된다. 미래에
받을 수 있을지 확실하지 않은 돈 때문이라면 더욱 그래서는 안

된다.

　세상의 많은 사람들은 어찌된 이유인지 누구에게 돌아갈지도 모르는 부모의 유산에 크게 집착한다. 다만 여러분이 돈을 얼마나 벌고 어디서 돈이 생길 가능성이 있는지 알아본 다음 자신의 자산이 모두 얼마인지는 파악해 두자.

　여러분의 이름으로 된 신탁이나 계좌 등 아직 모르는 돈이 있는지 판단할 때는 신중해야 한다. 지금 당장은 쓸 수 없지만 여러분의 이름으로 된 돈이 있다면 적어도 앞으로 돈이 들어온다는 사실만으로도 근사하지 않은가?

이것만은 알아두자

◇ 여러분이 전혀 모르는 여러분의 자산이 있을 수 있다.

◇ 여러분이 미처 몰랐던 자산이 은행 계좌나 주식 혹은 채권과 같은 투자물의 형태로 있을지도 모른다.

◇ 여러분의 순자산은 모두 자산에 따라 늘어나고 부채에 따라 줄어든다.

◇ 총자산에서 총부채를 뺀 것이 여러분의 순자산이다.

◇ 미래에 생길지도 모르는 돈의 출처를 확인하되 결코 그것에 의존해서는 안 된다.

03

현명한 저축

자기에게 가진 여분의 돈이 얼마인지와는 관계없이 여러분은 어떤 방법이 저축에 가장 유리하고 저축을 늘리기 위해 어떤 수단이 있는지에 대해 알아야 한다.

〈현명한 저축〉에서는 자신을 위해 어떻게 돈을 저축하는 것이 가장 현명한지 다양한 종류의 저축성 예금에 대해 알아보자. 그리고 그 밖의 보다 나은 방식에 대해서도 살펴보자.

여러분은 살면서 저축이 중요하다는 말을 수없이 들었다. 들은 적이 없다면 지금부터 귀를 기울이기 바란다. 젊을 때 돈을 많이 모아두면 늙어서 더 나은 생활을 유지할 수 있다. 차나 집을 살 때 혹은 교육비를 충당할 때 선택의 폭도 훨씬 넓어진다.

저축이 가능한 액수는 여러분이 벌어들이는 돈과 지출하는 돈에 따라 결정된다. 저축을 늘리는 마법의 공식은 존재하지 않는다. 사람들마다 처한 상황도 모두 다르다.

1. 저축은 쉬운 일이 아니다

사람들은 돈을 벌기는 어려워도 쓰기는 쉽다고 말한다. 그러나 돈을 잘 쓰는 방법이 훨씬 더 어려운 것이다. 돈을 잘 쓰는 사람은 인생의 승리자가 되고, 그렇지 못할 경우에는 패배자가 된다.

돈을 아끼는 태도는 바람직하다. 실제로 젊을 때 돈을 모으고 투자한 다음, 정말 돈이 필요할 때 쓴다는 생각은 아주 좋다. 어떤 사람들은 쉽게 돈을 모은다. 이런 사람들에게 저축은 아주 자연스럽게 이루어진다. 또 어떤 사람들은 어떻게든 돈을 쓰지 못해 안달이다. 이들의 성향은 돈을 쓴 다음 쓰고 또 쓰면서 결과는 나중에 걱정하자는 식이다.

그러면 이번에는 돈을 저축하는 사람과 소비하는 성향을 가진 사람이 어떻게 다른지 살펴보자. 어째서 여러분이 동생보다 더 쉽게 1만 원 혹은 2만 원씩을 잘 간수할까? 아니면 어째서 여러분이 가게에 들어가는 순간, 돈이 한 푼도 남아나지 않고 사라져버릴까? 사람들마다 성격이 모두 다르듯 돈을 관리하는 데도 사람들의 성향은 모두 제각각이다.

왜 어떤 사람들은 저축을 힘들어할까?

사람의 기질과 성향이 돈을 다루는 태도와 어떤 관련이 있는지에 대해서는 다양한 의견이 있다. 하지만 한 가지 분명한 사실은 세상 모든 일에 대해 사람들의 태도가 다르듯 돈에 대해서도 사람들마다 다른 태도를 지녔다는 점이다.

어떤 사람들은 충동적이고 제멋대로 행동한다. 또 어떤 사람들은 더 조심스럽고 절제하는 편이다. 어떤 사람들은 순간을 즐기며 살아야 한다고 믿는다. 하지만 이와는 달리 자신의 삶을 주의 깊게 계획하는 사람도 있다. 이처럼 각 개인의 성격상 특징이 돈을 다루는 방식에도 영향을 미친다.

민수를 예로 들어보자. 민수는 활달하고 돌아다니기를 좋아하며 사교성이 무척 뛰어난 친구다. 민수는 다른 친구들과 함께 쇼핑몰 구경하기를 좋아하는데 쇼핑은 민수가 가장 좋아하는 취미 중 하나이다. 이들은 종종 몰을 쏘다니면서 새로운 가게가 생겼는지 단골가게에 뭐가 바뀌었는지 확인하곤 한다.

경고!!

우리는 가끔씩 돈을 구걸하는 사람들에게 경멸의 시선을 던진다. 하지만 그래서는 안 된다. 어쩌면 그 사람은 돈을 현명하게 다루는 법을 배운 적이 없었을 뿐인지도 모른다.

문제는 민수가 친구들과 있을 때 소비를 절제하지 못한다는 점이다. 마음에 드는 물건이 눈에 띄면 언제나 그것을 사고야 만다. 결국 돈을 계획적으로 쓰지 못한다. 민수의 말에 따르면 그날 역시 다른 날과 마찬가지로 물건을 사려고 쇼핑몰에 가지는 않았다. 어쨌든 집으로 돌아오는 민수의 손에는 매번 게임 CD나 새로 나온 야구 모자 등이 들려 있다.

민수와는 달리 수경이는 살 물건(가령 특정 가수의 CD와 같은)이 있을 때만 쇼핑몰에 간다. 수경이는 CD를 파는 가게를 세 군데나 둘러본 다음 가장 싼 가게에서 물건을 사고 곧장 집으로 돌아온다. 수경이는 자신의 소비를 완전히 절제하며, 특별한 용건이 없으면 쇼핑몰에 가지 않는다. 수경이는 자신이 무엇을 사고 얼마나 돈을 써야 하는지도 잘 안다. 그래서 물건값이 가장 싼 가게를 찾아 거래를 마치면 쇼핑은 끝난다.

때로 사람들이 돈이 바닥난 상황을 겪은 후에 자신의 소비적인 성향을 고친다. IMF 구제금융과 같은 어려운 시기를 겪은 사람은 다시는 돈 때문에 어려움을 겪지 않으려고 구두쇠가 되려고 결심한다. 이와는 반대로 어떤 사람들은 금전적 어려움에서 겨우 빠져나온 뒤 당시의 고통을 보상받기라도 하려는 듯 엄청난 소비를 하는 경우도 있다.

돈에 대한 사람들의 다양한 태도가 언제 어떻게 결정되는지에 대해서는 아무도 모른다. 단지 돈에 대한 사람들의 관점이 모두 다르다는 것을 알 수 있다. 그리고 그들이 돈을 다루는 방식이 바람직하거나 그렇지 않다는 사실만 판단할 수 있을 뿐이다.

본인 스스로 돈을 다루는 방식을 살펴보면 자신이 돈에 대해 어떤 성향을 지녔는지 쉽게 알 수 있다. 하지만 자신이 왜 그런 성향을 지니게 되었는지 알기는 결코 쉽지 않다. 자신이 어렸을 때 생일날 받은 돈으로 무엇을 했는지 돌이켜 생각해 보자.

가령 여러분이 태어나서 매번 생일 때마다 이모에게 3만 원씩을 계속 받았다고 치자. 아주 어렸을 때는 부모님이 대신 돈을 받았을 것이다. 하지만 여러분이 나이가 들면서부터는 3만 원으로 무엇을 하겠다고 의견을 밝히기 시작했다. 만약 여러분이 매년 3만 원씩을 저축했다면 아마 어딘가에 제법 작은 통장 하나를 마련했을 것이다. 그랬다면 정말 축하한다!

어쩌면 여러분은 돈의 절반을 저축하고 나머지 절반은 써버렸는지도 모른다. 혹은 여러분은 매년 그 돈을 받아 로봇을 사거나 바비 인형의 옷을 구입했을 수도 있다.

여러분이 지금까지 받은 돈이나 지금 버는 돈을 어떻게 다루는지에 따라 여러분의 돈에 대한 성향을 들여다 볼 수 있다. 다음 질문들은 여러분이 절약하는 편인지, 아니면 소비를 즐기는 편인지를 판단하는 데 도움이 된다.

어째서 자신이 그런 성향을 지니게 되었는지 알고 싶다면 돈에 대한 여러분의 관점과 금전적인 상황을 따져봐야 할 것이다.

나는 어떤 유형일까?

지금부터 여러분이 돈을 어떤 식으로 다루는지에 관한 질문에 답해보자. 걱정은 하지 말자. 어려운 질문도 아니고 아무에게도 결과를 알릴 필요는 없으니까.

1. 지금 이 순간 여러분이 가진 돈이 모두 얼마인지 아는가?

  ☐ A. 그렇다. 내가 가진 돈이 얼마인지, 어디에 있는지 거
     의 정확히 안다.

  ☐ B. 잘 모른다.

2. 정말 마음에 꼭 드는 구두를 발견했는데 가격은 6만 원, 할인
   가격도 아니다. 나는 어떻게 행동할까?

  ☐ A. 가격이 할인될 때까지 1, 2주 정도를 기다린다.

  ☐ B. 엄마의 신용카드를 빌려 당장 구입한다.

3. 매주 일요일마다 일주일치의 용돈으로 2만 원을 받는다. 나는
   이 돈을 어떻게 할까?

  ☐ A. 정말 필요할 때만 돈을 쓰고 돈의 일부를 주말에 쓰려
     고 남겨둔다.

  ☐ B. 언제나 수요일만 되면 돈이 바닥난다.

4. 잡화점에 샴푸와 린스를 사러가는 길이다. 나는 어떤 식인가?

  ☐ A. 필요한 물건만 사고 곧장 집으로 돌아온다.

  ☐ B. 샴푸와 린스를 산 후, 다른 화장품, 껌, 잡지도 산다.

5. 엄마가 청소를 부탁하면서 1만 원을 주었다.

☐ A. 돈을 서랍장에 넣어두고 지갑의 돈과 섞지 않는다.

☐ B. 친구에게 전화해 한턱내겠다고 말한다.

6. 나는 극장에 가기를 좋아한다. 그런데 현실적으로 극장 입장료
가 비싸다고 생각한다. 나는 어떻게 행동할까?

☐ A. 비디오테이프가 나오기를 기다린다.

☐ B. 개봉하자마자 영화를 보고 친구들에게 자랑한다.

7. 남자친구의 학교 행사에 입고 갈 옷을 사러 갔다. 마음에 드는
옷은 15만 원이 넘는다. 남자친구 외에는 그 학교에서 자신을
아는 사람이 없다. 나는 어떻게 행동할까?

☐ A. 지난번에 입었던 옷을 다시 입는다. 남자친구가 그 옷
을 본 적이 있어도 말이다.

☐ B. 새 옷이 필요하니까 값이 비싸도 할 수 없다고 생각한
다. 물론 이 옷은 한번 입고 다시는 입지 않으리라는
사실을 자신도 안다.

8. 친구들이 근처에 새로 생긴 패밀리 레스토랑에서 저녁을 먹자
고 제안한다. 패밀리 레스토랑에 가면 내일 농구 경기를 보러갈
돈이 모자란다. 나는 어떻게 행동할까?

□ A. 친구들에게 오늘은 안 된다고 거절하고 다음에 함께
　　가자고 말한다.

□ B. 저녁을 먹으러 가지만 내일 경기는 어떻게 할지 걱정
　　한다.

9. 운전을 배운 다음 오토바이를 살 예정이기 때문에 돈을 모으기로 마음먹었다. 나는 어떻게 행동할까?

□ A. 저축 통장을 새로 만든 다음 아르바이트를 하여 번 돈을
　　모두 저축해 차근차근 오토바이를 살 돈을 마련한다.

□ B. 아르바이트를 하여 번 돈을 저축하겠다는 계획은 세웠
　　지만 은행에 갈 때는 늘 남은 돈이 얼마 되지 않는다.

10. 옷을 사려고 돈을 받았는데 체육시간에 신을 운동화가 필요해 그것을 사기로 결정했다. 나는 어떻게 행동할까?

□ A. 용돈으로 다른 옷도 사야 하기 때문에 적당한 가격
　　의 운동화 한 켤레를 고른다. 어차피 체육시간에만
　　신기 때문이다.

□ B. 체육시간에 신을 값싼 운동화만 사려고 했는데 결국
　　8만 원짜리 비싼 운동화를 사버려 다음달 옷값이 모
　　두 날아갔다.

잠시 여러분의 답변을 살펴보자. 여러분이 주로 A에 해당한다면 여러분은 돈을 책임 있게 관리하는 편에 속한다. 비록 가끔씩 원하는 물건을 사고 싶은 충동이 들기도 하지만 돈을 저축하는 데 큰 어려움이 없다.

반대로 여러분이 주로 B에 속한다면 여러분의 돈에 관한 성향 때문에 장차 문제가 생길 가능성이 크다. 특별한 목적으로 돈을 저축해야 하는 경우에도 여러분은 돈을 쓰지 않고 견디기가 힘들 것이다.

절약하는 편이라면

절약하는 사람이 소비를 즐기는 사람보다 반드시 훌륭한 것은 아니지만 적어도 개인의 돈을 관리하는 데에는 더 성공적인 출발을 했다고 말할 수 있다. 나이가 들수록 저축은 더 중요하다. 다만

경고!!

혹시 저축이 어렵다고 느껴도 결코 여러분 혼자만의 문제는 아니다. 미국의 경우 인구의 80퍼센트가 모아둔 돈은 거의 없고 봉급으로만 살아간다.
한국인들은 미국인들보다 저축의 중요성을 더 강하게 느끼고 있다. 왜냐하면 미국인들은 사회보장제도가 잘 되어 있기 때문에 노후 걱정을 우리보다 덜하기 때문이다.

여러분이 너무 저축에만 열중해 한 푼도 쓰지 않는 사람이 되지는 않도록 주의하자.

저축은 유익하다. 그렇지만 살아가는 재미도 없이 돈만 아끼려고 애쓰며 살아서는 안 된다. 인생을 담보로 잡혀서는 안 된다는 사실을 기억하자. 우리가 100살이나 80살, 60살, 심지어 40살까지 산다는 보장은 어디에도 없다. 우리에게 주어진 하루하루를 즐기는 것 역시 중요하다.

젊을 때 돈을 아끼기 시작하는 것이 훌륭한 생각이고 장래에 금전적인 안정을 얻는 좋은 방법이다. 하지만 아예 즐거움을 잊고 산다는 것은 잘못된 생각이다. 10대 나이에 맞게 적당히 저축하는 습관을 기르면서 즐거운 시간도 보내자.

낭비하는 편이라면

여러분이 낭비가 심하다고 해서 화날 필요는 없다. 여러분은 아직 젊으며 많은 사람들이 인생을 즐기고 순간에 열중하라는 말을 한다. 유일한 문제는 지금 당장 너무 많이 즐겨버리면 나중에 즐길 거리가 없어진다는 점이다.

모든 금융 전문가들이 동의하는 충고 한 가지는 저축을 일찍 할수록 더 나은 삶을 살 수 있다는 것이다. 저축에 관해서는 여러분에게 아직 시간이 충분하다. 비록 지금은 저축한 것이 없지만 앞으로 저축을 늘릴 수 있다.

돈이란

돈을 어디에 썼는지 파악하기 어렵다면 작은 노트를 가지고 다니면서 일주일 동안 쓰는 돈을 모두 기록하자. 껌 한 통, 음료수 한 캔도 모두 적어두자. 그렇게 하면 여러분이 돈을 어디에 얼마나 쓰는지 분명하게 알 수 있다.

지금 당장 저축을 시작해야 하는 중대한 이유

자신의 소비 유형과 습관을 의식하고 돈을 꺼내기 전에 한 번 더 물건을 살지를 따져보는 태도가 여러분의 소비와 저축에 도움을 준다. 정말 곰곰이 생각해 보면 자신에게 그다지 필요하지도 살 생각도 없던 물건을 사며 돈을 낭비했음을 깨닫게 된다.

다음번에 또 다른 인형을 사고 싶은 마음이 생기면 정말 그것이 필요한지 혹은 정말로 갖고 싶은지 자문하기 바란다. 아마 "아니오"라고 대답할지도 모른다. 가령 여러 가지 많은 인형은 불필요할 뿐만 아니라 골칫거리기도 하다. 보관할 장소도 따로 마련해야 하며 쓸데없이 뒹구는 경우가 많다.

여러분의 나이는? 13세? 15세? 17세? 여러분이 몇 살이든지 아직 여러분은 젊다. 어쩌면 여러분은 자신이 살 만큼 살았다고 생각할지도 모르겠다. 하지만 실제로 여러분은 이제 막 출발점에 서 있다. 나이가 어려서 좋은 점이 많지만 돈을 저축할 수 있다는 점에서 여러분들은 정말 운이 좋다. 여러분 앞에는 많은 돈을 모으고 활용할 수 있는 수많은 시간이 놓여 있다.

확실히 저축을 빨리할수록 나이가 들어서 더욱 윤택한 삶을 살 수 있다. 10대의 나이에 65세나 70세의 나이 때를 떠올리기는 사실 어렵다. 하지만 시간은 쏜살같이 지나간다. 만약 어려서부터 저축하는 습관을 길러 65세나 75세의 나이가 되어 여유로운 생활을 즐길 수 있다면 여러분은 일찍부터 저축하기를 정말 잘했다고 생각할 것이다.

가령 여러분은 노년에 여행을 떠나거나 해변에 누워 시간을 보내며 골프를 치고 쇼핑도 하면서 소일할 수도 있다. 사실 일찍부터 저축을 한다면 65세나 70세가 되기도 전에 그런 여유를 즐길지 모른다.

젊을 때 저축이나 투자를 시작하면 나이가 들어서 금전적인 여유를 누릴 수 있다. 뿐만 아니라 살아가면서 더 많은 선택권을 가질 수도 있다. 저축해둔 돈이 있기 때문이다. 가령 새 집을 장만하거나 자녀를 대학에 보낼 경우에도 여유 자금을 가지고 생활할 수 있다.

이것만은 알아두자

◇ 돈을 아끼는 편이 현명하지만 그렇게 하기 위해서는 사람에 따라 돈을 모으는데 어려움을 겪을 수도 있다.

◇ 돈에 대한 개인의 성향은 여러 가지 요인에 따라 결정된다.

◇ 대부분의 사람들은 저축하는 편 또는 낭비하는 편에 속한다.

◇ 자신의 돈이 얼마나 있고, 자신의 소비 습관이 어떠한지를 제대로 인식해야만 저축하기가 한결 쉬워진다.

◇ 일찍부터 저축할수록 더 나은 생활을 누릴 수 있다.

◇ 저축만큼 확실한 투자는 없다.

2. 저축은 얼마나 해야 할까?

검소한 사람은 스스로 절약을 일삼는 까닭으로 항상 여유가 있고
남을 도와 줄 수가 있으나, 사치하는 사람은 씀씀이가 많은
사람으로 항상 모자라서 남에게 인색하다.

여러분은 저축을 얼마나 하는가? 일주일에 2천 원? 1만 원? 2만 원? 사람들은 저축을 얼마나 해야 하는지에 대해 끊임없이 고민한다. 지출과 미래를 대비한 저축 사이에서 완벽한 균형을 맞추려고 애쓴다. 어떤 사람들은 정말 원하는 물건을 사기 위해 어쩔 수 없이 저축한 돈에 손을 대는데도 죄책감을 느낀다. 또 다른 사람들은 죄책감은커녕 계속해서 저축한 돈을 빼 쓰기만 한다.

저축을 얼마나 해야 할지 알아내려고 하다 보면 때로는 머리가 복잡해진다. 하지만 사실 돈을 모으는 것 때문에 스트레스를 받을 필요는 없다. 돈을 얼마나 저축해야 하는지는 개인적인 상황과 상황에 영향을 미치는 몇 가지 요소에 따라 결정된다.

이제 우리가 돈을 얼마나 저축해야 하고 지금부터 저축을 시작하면 어떤 이득이 있는지를 자세히 살펴보자. 여러분은 아주 젊기 때문에 지금부터 저축을 하면 장래에는 큰 돈을 모을 수 있다.

마법의 비결 찾기

저축을 위한 마법의 비결을 찾는다면 여기서 그 답을 얻지 못할 것이다. 그런 것이 있을 리 없기 때문이다. 어떤 10대들은 일주일에 5만 원씩 저축할 방법이 있겠지만 수입이 전혀 없거나 여유 돈이 없어 저축을 아예 하지 않는 사람도 있다.

일부 금융전문가들은 수입의 5~10퍼센트를 저축해야 한다고 말한다. 분명 바람직한 소리다. 사실 가능한 한 많은 돈을 저축하는 것이 여러분에게는 가장 좋다. 그렇지만 얼마를 저축하는가의 문제는 다양한 요인들, 즉 여러분이 얼마의 돈을 벌고 쓰는지, 저축할 동기가 있는지에 따라 결정된다. 이러한 요인들이 저축에 어떤 영향을 미치는지 살펴보자.

내 수입이 얼마인가

저축을 얼마나 할 수 있는지는 돈을 얼마나 버느냐에 따라 주로 결정된다. 이유야 어쨌든 많은 10대 청소년들이 바깥에서 돈을 벌어올 곳은 부족하다. 아직 직업이 없으니 말이다.

하지만 몇몇 10대들은 시간제 일자리를 하나 이상 구해 일을 하고 돈벌기에 열중한다.

용돈도 수입이라는 사실을 기억하자. 비록 용돈만으로 생활한다고 해도 마음먹기에 따라 어느 정도는 저축을 할 수 있다.

돈이란

일을 해서 돈을 버는 10대들은 그렇지 않은 다른 10대들보다 저축을 하기에 훨씬 유리하다. 물론 여러분의 장래에 지대한 관심을 가진 어마어마하게 부자인 외삼촌에게 정기적으로 용돈을 받는 경우는 빼고 말이다. 친척 중에 돈 많은 외삼촌이 없다면? 그렇다면 방금 말했듯이 일을 하는 10대가 당연히 저축을 훨씬 많이 할 수 있다. 그렇다고 일을 하는 10대들이 모두 돈을 저축한다는 뜻은 아니다.

여러분이 저축할 수 있는 유일한 돈은 반드시 쓸 일에 쓰지 않았거나 사려던 물건을 사지 않고 남겨둔 돈이다.

돈이란

지 출

앞에서 어떤 사람들은 다른 사람들에 비해 더 쉽게 저축한다는 사실을 배웠다. 10대들도 예외는 아니다. 여러분 중 일부는 분명 다른 사람에 비해 저축할 돈을 따로 남겨두는 데 어려움을 겪는다. 왜냐하면 용돈을 받으면 먼저 자기가 사고 싶은 물건을 사는 경우가 많기 때문이다.

돈쓰기를 좋아해서 저축이 어렵다는 사실을 깨닫는 사람도 있다. 돈을 반드시 써야 하기 때문에 저축이 어려운 사람들도 있다. 일주일에 10만 원을 벌어도 부모님께 드릴 선물을 사거나 자신의 옷이나 필요한 물건을 사면 은행에 입금할 논은 남지 않는다. 반면 일주일에 고작 3만 원을 벌어도 일주일에 교통비에만 돈을 쓰면 여러분은 2만 5천 원을 저축할 수 있다.

저축은 대단한 일이다. 여기에는 의문의 여지가 없다. 여러분이 저축을 하려면 결국 돈을 쓰지 않고 남겨두어야 한다. 만약 가진 돈을 모두 써버리고 한 푼도 저축하지 않는다면 부끄러운 줄 알아야 한다. 자신이 번 돈을 반드시 쓸 곳에 썼다면 그건 어쩔 수 없다. 여러분이 돈을 더 벌거나 혹은 지출을 줄이려고 애써야 한다. 어쨌든 수입이 늘기 전까지는 지출도 늘려서는 안 된다.

저축의 동기

여러분이 저축을 하면 부모님이 새 컴퓨터를 살 돈을 보태주겠다고 약속하셨다고 하자. 부모님은 여러분이 저축하기로 결심하는 데 아주 강한 동기를 부여했다.

한편 지금 여러분은 방학 때에 친구들과 해수욕장에서 1주일간 민박집을 빌려 지내기로 계획을 세웠다. 모두 10명이 그 곳에 머무는 데 드는 비용은 1백만 원이다. 여러분 각자는 10만 원을 마련해야 한다. 이것 역시 여러분에게 저축할 강한 동기를 부여한다.

이처럼 돈을 저축할 동기는 어떤 일을 하도록 유도하는 다른 동기와 크게 다르지 않다. 우리는 모든 일에 대해 스스로를 강요할 수 있다. 정당한 이유만 있다면 그 일을 하기는 더욱 즐겁고 쉽다.

돈을 저축하는 데 어려움을 겪고 있다면 자신에게 어떤 동기가 있는지 잘 생각해 보자. 자신이 정말 원하는 무엇을 위해 돈을 저축하고 그 액수가 늘어나 목표에 점점 다가감을 지켜보는 것은 커다란 즐거움이다.

돈을 저축하기가 어렵다면 자신에게 동기와 이유를 부여하도록 애써라. 여러분은 그동안 모은 돈으로 악기점에 들어가 정말 갖고 싶던 기타를 살 수 있다. 또 결혼기념일을 맞은 부모님을 위해 특별한 선물을 사서 드리는 순간 기분이 어떨지 상상해 보라. 저축을 하려면 자신만의 동기와 이유가 있어야 한다.

미래의 목표

미래의 목표를 위해 저축을 하겠다는 생각도 일종의 동기부여이다. 미래에 자신이 원하는 무엇을 위해 현재 저축을 하기 때문이다. 미래의 목표는 자가용, 대학 진학 혹은 새로 나온 컴퓨터일 수도 있다. 어떤 10대들은 장래 유학 비용을 마련하기 위해 또는

10년 안에 집을 산다는 목적을 가지고 저축을 한다.

모든 사람들은 서로 다른 목표를 지니고 있으며 목표에 따라 돈이 더 많이 드는 경우도 있다. 나이를 먹을수록 더욱 장기적인 목표를 세울 필요가 있다. 어쩌면 나이 60살이 되기 전에 은퇴를 계획할 수도 있는데 그러기 위해서는 더 많은 저축을 해야 한다. 더 큰 집이나 해변에 별장을 장만하거나 자녀의 대학 진학에 쓸 학비를 마련할 수도 있다.

미래의 목표를 더욱 구체적으로 정하거나 목표를 바꿀 때는 여러분이 저축할 돈의 액수와 돈을 모으는 방법도 함께 바꿔야 한다.

경고!!

저축이 중요하다고 여러 차례에 걸쳐 말했지만 여러분이 실천하지 않으면 여전히 어려운 문제로 남는다. 저축하겠다는 다짐은 마치 운동 계획을 세우는 것과도 같다. 의도는 좋지만 실제 행동하는 데는 종종 어려움이 따른다.

실 천

저축의 실천 방식이 저축을 얼마나 할지에 영향을 미치기도 한다. 저축을 실천하게 만드는 (또는 하지 않게 만드는) 몇 가지 요소가 있다. 일반적으로 저축과 돈 관리의 중요성을 강조하는 가정에서 자라면 저축에 별로 의미를 두지 않은 가정에 비해 더 많이 저축을 실천한다.

가령 자신의 가족들이 돈을 이리저리 다양한 형태로 지출하는 광경을 보면서 자랐다고 하자. 부모님은 여러분에게 대학에 가려거든 스스로 벌어서 가라고 말씀하신다. 이때 여러분의 반응은 두 가지로 나타날 수 있다. 즉, 그동안 보아온 가족들의 모습대로 돈을 버는 대로 다 써버리며 저축의 중요성을 결코 깨닫지 못하는 수도 있고, 또는 가족들의 모습에서 깨달은 바가 있어 돈을 함부로 쓰기보다는 저축에 열중하기도 한다.

저축의 규모를 정하고 충실히 계획에 따르기

여러분의 저축 성향에 영향을 미치는 모든 요소들을 따져보았다면 이제 돈을 얼마나 저축해야 합리적인지 결정한다. 그러기 위해서는 먼저 자신의 지출액을 모두 더한 다음, 총수입에서 지출을 뺀다. 지출에는 여러분이 쓰는 모든 돈이 포함된다. 옷, 과자, 점심, 각종 요금 등이다.

일단 지출에 대한 계산이 모두 끝나면 총수입에서 지출액을 뺀다. 그러면 얼마가 남는지 알 수 있다. 예를 들어 여러분이 편의점에서 일해 번 돈이 일주일에 5만 원이라고 하자. 매주 토요일 아침 할머니를 도와주고 받는 돈 5천 원을 여기에 보태자. 여러분의 일주일 총수입은 5만 5천 원이 된다.

돈이란

지출이 많을 경우에는 이를 줄이는 방법도 좋은 생각이다. 지출을 줄이면 저축할 돈이 그만큼 늘어난다. 정말 쓸 돈이라고 생각했지만 막상 지출을 줄여보면 전혀 그렇지 않음을 알게 되는 경우도 있다.

5만 5천 원 중에서 여러분은 다음과 같이 지출했다.

■ 학교에서 군것질, 하루 1천5백 원, 일주일에 총 9천 원.

■ 매주 토요일 밤 영화 입장료와 햄버거, 1만 원.

■ 교회나 성당의 헌금, 일주일에 3천 원.

■ 그 밖의 잡다한 비용, 일주일에 1만 5천 원.

여러분의 수입(5만 5천 원)에서 지출을 모두 합한 금액(3만 7천 원)을 빼면 1만 8천 원이 남는다. 즉, 여러분이 저축할 수 있는 돈은 1만 8천 원이다. 모두 저축하라는 말은 아니다. 1만 8천 원이 지출을 모두 제하고 남은 돈이다.

만약 여러분이 남은 돈 1만 8천원을 모두 저축한다면 실제 수입의 약 삼분의 일을 저축하는 셈이다. 그럴 경우 깔끔하게 계산이 끝난다. 그러나 현실적으로 총수입에서 그렇게 많은 부분을 저축할 가능성은 거의 희박하다. 나이가 들수록 수입이 늘어나고 또 지출도 늘어남을 기억하자.

비록 많은 돈을 벌지는 못해도 지출이 적을 때를 틈타 저축을 가능한 한 많이 하는 방법이 유용하다. 앞에서 보았듯이 지금은 얼마 되지 않아도 그것이 모여 미래에는 큰 돈이 될 수 있다. 한달에 5천 원, 1만 원을 저축해도 돈에는 이자가 붙는다. 또 이자가 복리일 경우에는 돈이 차츰 불어난다.(다양한 저축 방식과 여러 종류의 이자에 대해서는 '효과적인 저축방법'에서 자세히 알아보자.)

다음 경우를 생각해 보자.

- 여러분이 매달 5,000원씩 예금하는 통장에 5퍼센트의 이자가 단리로 붙는다. 그 통장의 돈은 1년이 지나면 61,625원, 5년 후에는 338,125원, 10년 후에는 751,250원, 20년 후에는 1,802,500원이 된다.

- 여러분이 한달에 20,000원, 혹은 일주일에 5,000원을 예금할 경우 통장의 돈은 1년 후에 246,500원, 5년 후에 1,352,500원, 10년 후에 3,005,000원, 20년 후에 7,210,000원이 된다.

- 한달에 100,000원, 혹은 일주일에 25,000원을 예금할 경우 통장의 돈은 1년 후에 1,232,500원, 5년 후에 6,762,500원, 10년 후에 15,025,000원, 20년 후에 36,050,000원이 된다. 어쩌면 이자만으로도 저축에 대한 동기부여는 충분하지 않을까?

저축은 "티끌 모아 태산이다."라는 옛말이 꼭 맞는다는 것을 느끼게 하는 수단이다.

돈을 얼마나 저축하든지 꾸준히 하자. 특별히 돈을 쓸 데가 있다고 해서 1~2주일 저축을 빼먹어서는 안 된다. 은행 계좌를 불리려고 다른 하고 싶은 일을 포기하기는 결코 쉽지 않지만 장기적으로 보면 제법 가치 있는 일이다.

미국의 정치가이며 저술가인 벤자민 프랭클린이 말한 "돈이 돈을 낳고 또 그 돈이 돈을 낳는다."는 명언이 있다. 그의 말은 저축해서 이자를 버는 것이 저축을 늘리는 좋은 방법임을 뜻한다.

자신의 저축을 먼저 생각하기

저축하기로 계획한 돈을 자신이 진 빚으로 여기는 것도 좋은 방법이다. 그리고 여러분은 언제나 자신에게 먼저 빚을 갚아야 한다. 여러분이 급여를 받을 때 자동으로 돈이 은행 계좌에 입금되도록 할 수 있다. 자동입금이 가능한지는 은행에 가서 확인하자. 만약 안 된다면 여러분 스스로 돈을 받는 즉시 은행에 입금하도록 원칙을 세운다.

만약 돈을 저축하는 일이 다만 자신의 이익 때문이라면 자신을 강제하기에는 충분하지 않다. 일주일 동안 남은 돈이 고작 1천 원 뿐이라고 해서 저축을 빼먹어서는 안 된다. 많은 사람들이 일주일에 3만 원이나 5만 원을 모으지 않으면 저축을 해도 소용없다는 식의 착각을 한다. 그러나 적어도 여러분은 달라야 한다.

5퍼센트의 이자로 돈이 두 배가 되기까지는 14년이 걸린다. 6퍼센트의 이자로는 12년, 7퍼센트의 이자로는 10년이 걸린다. 이자가 가장 많은 곳을 찾는 것이 현명한 방법이다.

얼마의 돈을 저축하든 여러분에게는 아무런 문제가 없다. 여러분이 실제 가진 돈 이상을 저축하려고 애쓰지 마라. 그러면 아예 좌절하고 저축을 포기하는 경우가 발생한다. 가능하면 자신이 가진 만큼의 돈을 저축하자. 그러면 기쁨을 느낄 수 있다.

◇ 여러분의 저축에 영향을 미치는 요소에는 수입, 지출, 동기, 목표, 실천 등이 있다.

◇ 총수입에서 자신의 지출액을 빼고 남은 돈이 곧 저축할 수 있는 돈이다.

◇ 얼마를 저축하든지 정기적으로 꾸준히 저축하는 것이 가장 중요하다.

◇ 비록 적은 돈일지라도 시간이 지나 모두 합하면 제법 큰 돈이 된다.

◇ 자신에게 돈을 갚는다는 생각으로 저축을 하면 저축하기가 한결 수월하다.

3. 효과적인 저축 방법

돈을 모을 줄밖에 모르는 사람은 곳간지기이고, 돈만 숭배하는 사람은 그 노예이다. 하지만 바르게 쓸 줄 아는 사람이 돈의 주인이다.

대부분의 사람들은 돈이 있으면 유익하다는 데 동의한다. 여러분은 돈이 있으면 필요하거나 원하는 물건을 가질 수 있고 선택권이 커짐을 알았다. 그리고 돈이 없이는 불가능한 독립적인 생활도 돈이 있으면 가능하다는 사실을 배웠다.

하지만 많은 사람들이 깨닫지 못하는 사실 중 하나는 돈을 버는 일만이 능사가 아니라는 점이다. 돈을 버는 것 못지않게 돈을 유용하게 활용하는 방법 역시 중요하다. 이번에는 돈을 현명하게 저축하는 방법과 돈을 활용해 최대한의 효과를 얻는 방법에 대해 살펴보자.

저축 방법에도 차이가 있다

여러분은 돈을 어떻게 모으는가? 아마도 은행에 예금하는 사람이 있는가 하면 서랍 속 상자 안에 보관하는 사람도 있을 것이다. 어떤 사람들은 돈을 지갑에 모두 넣어 다니면서 필요할 때마다 꺼내 쓰기도 한다. 또 다른 사람들은 돈을 낭비하지 않으려고 부모님께 맡겨두기도 한다.

돈을 모으는 방법에는 여러 가지가 있으며 다른 방법에 비해 훨씬 현명한 방법도 있다. 여러분이 서랍 속 상자 안에 5만 원을 넣어두면 아마 다음에 돈을 쓰기 전까지는 그 돈이 계속 남아 있을 것이다. 가족 중 누구에게 빌려주거나, 가령 개가 돈을 먹어치우는 특별한 일만 발생하지 않는다면 돈은 그대로 남아 있기 마련이다. 하지만 이자가 붙는 은행에 5만 원을 예금할 경우 여러분은 돈으로 돈을 벌 수 있다.

우리나라 은행들의 이자율은 한국은행이 공시하는 기본금리(콜금리)에 근거하여 각 은행이 자율적으로 조정하므로 모든 은행의 금리가 약간씩 다르다.

저축예금 계좌 개설하기

저축예금을 개설할 생각인가? 잘 생각했다. 여러분은 지금 올바른 경로를 따라가고 있다. 하지만 길모퉁이의 은행을 찾아가 돈을 모두 맡기기 전에 여러분은 반드시 은행과 계좌, 은행의 서비스에 관해서 알아두어야 한다.

은행 선택하기

지난 몇 년간 시중의 은행들은 엄청나게 많이 변하였다. 한 은행이 더 큰 은행에 흡수되고 이름이 바뀌거나 새로운 경영진이 들어섰다. 잠시 후에는 또다시 합병되는 과정이 반복됨을 우리는 오랫동안 지켜보았다. 이들 은행의 정책이나 직원을 기억하는 것보다 새로 바뀐 은행의 이름을 알아내기가 더 힘들 정도이다. 하지만 은행이 원래부터 그렇지는 않았다.

한번 상상해 보자. 한때, 그러니까 그렇게 오래전은 아니지만 사람들은 자신의 마을이나 도시에 있는 작은 은행에 돈을 맡겼다. 사람들이 은행에 자주 들렀기 때문에 당시에는 은행 직원들과도 모두 아는 사이였다. 은행에 가면 서로의 자녀들이 어떻게 지내고 날씨가 어떤지에 대해 이야기도 주고받았다. 과거의 은행에는 현금자동입출금기(ATM)도 없었다. 따라서 손님들은 자주 은행에 들러 돈을 맡기거나 찾았다.

오늘날 은행에서 직접 개인적인 서비스나 손님에 대한 접대를 바라기는 매우 어렵다. 때문에 여러분은 마음에 드는 은행을 찾기 위해 시간을 내어 돌아다녀야 할지도 모른다. 대규모의 합병과 계속해서 복잡해지는 각종 규제, 늘어나는 은행 수수료 때문에 은행을 찾는 사람들의 불만이 많다. (일부 은행에서는 실제로 고객이 은행원과 얼굴을 맞대고 거래할 때 수수료를 물린다는 사실을 아는가?)

어쩌면 부모님이 거래하시는 은행에서 예금이나 다른 형태의 계좌를 만들기를 원할 수도 있는데 그것 역시 좋은 생각이다. 부모님이 그 은행에 만족하신다면 아마도 나쁘지 않은 곳임에 틀림

없다. 하지만 그래도 은행을 고를 때는 다음 몇 가지 질문을 던져봐야 한다.

- 계좌를 개설하는 데 얼마 이상의 금액이 있어야 하는지?
- 계좌에 얼마 이상의 잔액을 남겨두어야 수수료를 물지 않는지?
- 계좌의 잔고를 확인할 때 기타 서비스에 대해서 수수료를 내야 하는지?
- 특정한 기간 동안 계좌에 잔액이 없을 경우 벌금을 물리는지?
- 저축을 했을 때 이자는 얼마나 붙는지?
- 이자는 복리로 계산되는지?(이번 장에서 더 자세히 다룰 예정이다.)

스스로 은행을 찾아보고 서로 비교해 보는 것도 현명한 방법이다. 신문에 난 광고를 확인하거나 인터넷 웹 사이트에서 정보를 찾는다. 아니면 직접 은행을 방문할 수도 있다. 마음에 드는 은행을 찾기 위해 여러 은행을 돌아다녔다고 해서 기죽을 필요는 없다. 여러분의 나이가 어리다고 은행 계좌 역시 소홀하게 대접받으리라고 생각할 필요는 없다.

사실 은행측이 조금만 영리하다면 젊은 투자자를 끌어들이기 위해 무슨 수라도 쓸 것이다. 여러분은 장래에 많은 돈을 벌지도 모른다. 어쩌면 장차 은행의 최대 고객 중 한 명이 될지도 알 수 없는 일이기 때문이다.

혹시 은행이 아니라면

일반 은행이 금융업계에서 많은 부분을 담당하지만 그렇다고 해서 유일한 기관은 아니다. 일반적으로 세 가지 형태의 금융기관이 있다.

- 시중 은행
- 신용협동조합
- 저축대부조합

미국의 경우 시중 은행이 금융업계 자산의 4분의 3을 점유하고 있다. 나머지 자산은 신용조합과 저축대부조합이 나누어 가지고 있다.
한국의 금융기관에는 은행, 상호저축은행 외에도 우체국 금융, 신용협동조합, 새마을금고, 단위조합 등이 있다.

인터넷 은행

인터넷 은행이 아직은 낯설지 모르지만 전문가들은 인터넷 은행이 갈수록 중요해진다고 예측한다. 이들의 업무는 당좌 계좌나 예금 계좌의 개설, 송금, 청구서 납부, 인출 등 보통 시중의 은행과 크게 다르지 않다. 다만 모든 일이 온라인상에서 이루어진다. 돈을 다른 계좌로 송금할 때 전표를 적어 은행의 창구직원에게 건네주는 대신 마우스를 클릭해 모든 일을 처리한다.

온라인 계좌에 돈을 입금할 경우에는 대개 수표나 입금의뢰서를 은행의 실제 주소로 보낸다. 아니면 다른 은행에서 전신환으로 입금하거나 자신의 급여를 계좌로 직접 예금할 수도 있다. 대부분의 인터넷 은행들은 ATM 카드를 지급해 돈을 찾거나 수표에 이서를 하도록 한다.

인터넷 은행에서도 신용카드를 만들 수 있다. 인터넷 은행의 매력은 은행 업무를 원하면 집 밖으로 나가지 않고도 편리하게 이용할 수 있다는 데 있다. 아마 가까운 장래에 인터넷 뱅킹이 더 많이 유행할 것이다.

가장 좋은 예금계좌 찾기

돈을 맡길 은행을 결정했으면 이제 어떤 종류의 계좌에 예금을 할지 정한다. 만약 조만간 돈을 써야 하고 계속해서 찾을 필요가 있다면 저축성예금보다는 당좌예금이 더 유리하다. 당좌예금에도 이자를 지급하는 은행이 있으므로 찾아보도록 하자. 비록 대부분은 사라졌지만 몇몇 은행을 찾을 수 있다.

한편 여러분이 한동안 은행에 돈을 맡겨둘 예정이라면 저축성

예금이 가장 적당하다. 은행마다 이율이 어떻게 다르고 계좌에 적용되는 제한 사항이 있는지를 분명히 알아둔다. 또 복리(複利)가 가능한지도 따져봐야 한다.

복리의 기적

누구나 처음 돈을 모을 때는 조바심이 나게 마련이다. 저축한 돈이 적으면 이자는 그다지 빨리 붙지 않는다. 이자가 붙기만을 지켜보고 있노라면 마치 주말 휴일에 방안에 처박혀 있는 것처럼 안달이 날지도 모른다. 하지만 결국에는 이자가 붙어 돈이 계속 불어난다. 물론 예금 액수가 많을수록 이자는 늘어나며, 이자의 종류도 중요하게 따져보아야 한다.

단 리

단리가 적용될 경우 여러분의 저축 예금에는 정기적으로 이자가 붙는다. 예를 들어 계좌에 10만 원을 예금해 이율이 5퍼센트일 경우에는 한해가 지나면 5천 원의 이자를 벌 수 있다. 계좌에 든 돈이 1백만 원이라면 이자는 5만 원이다.

이자로 돈이 불어나므로 이자는 아주 중요하다. 돈을 많이 맡길수록 이자도 더 커진다. 흔히 단리를 그냥 이자라고 부른다. 단리도 유익하지만 돈을 모으기에는 복리가 훨씬 유익하다.

복 리

복리가 단리보다 나은 이유는 자신이 예금한 돈에 이자가 붙을 뿐 아니라 예금에 붙은 이자에도 이자가 붙기 때문이다. 즉, 이자에 이자가 붙는다. 이자가 덧붙는 방식도 여러 가지다. 기간별로 하루 단위, 주 단위, 월 단위, 분기 단위, 혹은 일년 단위로 구분할 수 있다.

이자가 자주 붙을수록 여러분이 버는 돈은 늘어난다. 10만 원을 예금할 때 이율이 5퍼센트이고 월단위로 이자가 붙는다면 다음 달에는 5퍼센트의 이자에 또 이자가 붙으므로 1년이 지났을 때는 분기나 1년 단위의 복리일 때보다 더 많은 이자가 붙는다.

저축성예금 이외의 방법을 찾아라

저축예금에서 한동안 돈을 제법 모았으면 이제 그 돈을 다른 종류의 예금에 맡기는 것도 좋은 생각이다. 이자를 7, 8퍼센트씩 받을 수 있는데 굳이 2퍼센트의 계좌에 묶어둘 필요는 없지 않은 가? 1만 원을 예금하면 일년에 2백 원이 아니라 7, 8백 원을 벌 수 있다. 1백만 원이라면 차이는 더 커지고 한해 2만 원이 아니라 7

만 원 또는 8만 원을 벌 수 있다.

　어떤 거래가 현명한지를 아는 데 학위 따위는 필요 없다. 그저 일반적인 저축성예금보다 더 많은 이자가 붙는 정기적금과 같은 형태의 예금을 찾는 것이 중요하다.

이것만은 알아두자

◇ 계좌를 열기 쉽고 이자를 지급받기 때문에 저축성예금은 가장 보편적으로 이익을 얻을 수 있는 저축 방법이다.

◇ 금융기관 중에서는 은행이 가장 보편적이며 신용협동조합과 우체국도 은행과 마찬가지의 역할을 한다.

◇ 복리를 단리보다 선호하는 이유는 이자에 이자가 붙기 때문이다.

◇ 저축성예금, 정기예금 등 다양한 예금을 비교하여 더 수익이 큰 것을 선택하는 것이 중요하다.

04

현명한 소비

돈의 활용 여부에 상관없이 정해진 예산 안에서 현명하게 소비하는 방법을 알면 금전적인 이득을 훨씬 더 많이 얻을 수 있다. 성수기가 지나면 가격이 절반으로 떨어질 상품을 왜 굳이 비싼 가격에 구입할까? 주말에 백화점에서 할인된 가격으로 살수 있는 제품을 굳이 그 자리에서 당장 제값을 주고 살 필요가 있을까? 〈현명한 소비〉에서는 여러분은 소비를 하거나 줄일 때 필요한 현명한 전략을 배워보자.

1. 누구나 예산을 세워야 한다
2. 한정된 돈으로 최대한 효과 얻기
3. ATM과 직불 카드

솔직히 말해 우리들 대부분은 돈을 쓰는 재미 때문에 모은다.
하지만 돈을 너무 많이 쓰면 저축이 줄어들고 개인의 재정
상태를 위협할 가능성이 있다.
따라서 예산을 세우면 자신의 소비를 조절하고 재정 상태를
체계적으로 유지하는 데 큰 도움이 된다. 비록 대부분의
사람들은 예산 짜기를 싫어하지만 실제로 예산을 짜면 자신에게
많은 이익이 돌아온다.

아, 계획성 있게 산다는 건 골치아파. 그냥 용돈 떨어지면 엄마를 조르는게 최곤데.

어디서 줄이지? 음... 영화는 조조를 보고, 책은 두 권만 사고 나머지는 도서관에서 빌려보자....

핸드폰 사용도 줄이고... 옷은 이번달엔 할인매장에서 사자. 시디는 인터넷으로 구입하고.

이야! 많이 줄었다. 이번달은 성공이야.

띠리링 -

어? 현주구나. 뭐라고? 이번주말이 생일이라고? 꼭 선물사서 오라고?

나의 계획에 도움을 안주는 친구들. 이번달 또 적자네.

1. 누구나 예산을 세워야 한다

재물이 많으면 그만큼 걱정거리도 늘어나지만, 재물이 전혀
없으면 걱정거리가 더 많다.

예산을 세워 계획대로 돈을 관리하며 산다는 것은 어쩌면 평생토록 해야 할 고된 작업일지도 모른다. 하지만 그렇게 실천하면 장기적으로는 그렇게 하지 않은 사람에 비해 훨씬 행복하고 여유로운 삶을 누릴 수 있다. 예산을 짜서 계획대로만 살려고 작정하는 사람은 거의 없다. 돈이 주체하지 못할 정도로 많다면 누구라도 바깥에 나가 아무런 돈 걱정 없이 사고 싶은 물건을 양껏 사들일 것이다.

하지만 그렇게 돈이 많은 사람이 누가 있을까? 현실적으로 그런 사람은 거의 없기 때문에 우리들 대부분은 소비에 대한 계획을 세워야 한다. 원하는 물건을 전부 살 만큼 돈이 많지 않다는 사실을 여러분 역시 이미 깨닫고 있을 것이다.

주말마다 돈을 마구 쓴 다음 곧이어 특별한 날이라도 닥치면 정말 난감하다. 친구의 생일과 어머니의 생일이 3일 간격으로 겹칠 경우, 휴일에 선물을 사들고 가족들을 방문해야 하는 경우도 마찬가지다.

반드시 돈을 써야 하는 특별한 상황이 갑자기 발생하면 정말 돈에 쪼들릴 뿐 아니라 그나마 얼마 남지 않은 잔고도 바닥나게 마련이다.

하지만 예산을 세워두면 갑작스러운 일로 돈 걱정을 할 일이 줄어든다. 예산을 세운다고 무한정 돈이 생기는 것은 아니다. 하지만 자신이 돈을 얼마나 가지고 있고 앞으로 돈이 얼마나 필요할지 예상해 지출 계획을 세울 수 있으므로 금전적인 여유를 찾을 수가 있다.

왜 사람들은 예산 세우기를 싫어할까?

예산 세우기를 치과 가기에 비유할 수도 있다. 치과 가기를 좋아하는 사람은 없다. 그래도 자신의 치아를 위해서는 정기적으로 치과에 들러야 한다는 사실을 모르는 사람도 없다. 원칙에 따라 생활해야 한다는 것 때문에 사람들은 예산 세우기를 꺼린다.

만약 여러분이 예산에 맞춰 살기로 마음을 먹는다면 정말 갖고 싶은 물건이 있을 때조차 마음속에서 "사면 안돼."라는 목소리가 들려올지 모른다.

원하는 물건을 포기하기는 정말 어렵다. 우리가 살아가는 사회는 끊임없이 만족을 추구하도록 우리를 강요한다. 원하는 것은 무엇이라도 당장 손에 쥐고 보자는 식의 습관을 들이면 정해진 예산 범위 안에서 살기는 결코 만만치 않다.

그렇지만 예산을 세울 수만 있다면 금전적인 성공에 한 발짝 더 다가갈 수 있다.

예산을 세워서 좋은 점

젊을 때 예산 세우는 습관을 들이면 아주 중요한 이득을 볼 수 있다. 우선 수중의 돈을 다루는 방법을 배운다. 장기적으로는 적절하게 소비하고 저축하는 습관을 기를 수 있으며, 이 점이 무엇보다 중요하다.

현실을 바로 보자. 여러분이 만약 지금 경제적인 어려움에 빠져 있고 운이 좋다면 누군가 여러분을 어려움에서 구해줄 수 있다. 여러분이 용돈을 받는 나이까지는 아버지나 어머니가 도와주거나 가장 친한 친구가 돈을 얼마쯤 빌려줄 수도 있다.

하지만 10년, 15년이 지나면 여러분은 현실에 직면해 혼자 힘으로 살아야 한다. 아마 여러분은 직업을 가져서 돈도 벌고 자동차도 굴리며 아파트나 주택에서 배우자와 가족들을 부양하며 살 것이

경고!!

미국의 경우 평균적으로 25세가 되면 6천 달러의 빚을 지는데 이때 경제적인 여건이 그다지 좋다고는 말할 수 없다. 예산 세우는 방법을 배우고 돈을 제대로 관리한다면 여러분은 나이가 들어 많은 이득을 볼 수 있다.
한국의 경우는 20대에 지나친 소비로 신용불량자가 되는 경우가 많다.

다. 또 여러분은 각종 세금과 신용카드 청구서, 보험 청구서, 각종 청구서 등 자질구레한 작은 돈 문제들로 골치를 앓을 것이다.

지금 돈을 관리하는 법을 배워두면 오랜 시간이 지나 정말 필요할 때 도움을 받을 수 있다. 예산 계획을 짜서 실천하는 것이 이로운 이유는 좀더 분명히 말하자면 다음과 같다.

- 예산을 세우면 자신의 금전 상황을 조절할 수 있게 되고 돈 때문에 생길지도 모르는 문제를 미리 예방할 수 있다. 예산을 짜면 자신이 매주 혹은 매달 돈을 어디에 쓰는지 정확히 알 수 있다.
- 예산을 세우면 돈을 관리하는 습관을 기를 수 있고 장차 살아가는 데 도움이 된다.

그러면 지금부터 실질적으로 여러분의 나이에 어떤 식으로 예산을 세워야 하는지 알아보자.

예산에 포함되어야 할 내용

하지만 여러분이 보통의 10대 청소년이라면 예산을 짜기 위해 컴퓨터까지 필요하지는 않다. 수입과 지출이 한정된 10대라면 실

> 예산을 세우는 데 옳고 그름은 없다. 중요한 것은 얼마나 자신에게 도움이 되느냐 하는 것이다. 예산은 복잡하게 혹은 단순하게도 짤 수 있다. 자신이 사용하기에 얼마나 편리하고 이용 가치가 있는지를 우선해야 한다.

제 예산 세우기는 매우 간단한 작업이다.

첫 단계로 여러분은 먼저 자신이 버는 돈과 쓰는 돈에 관한 자료를 수집해야 한다. '그렇다면 돈을 어떻게 벌어야 할까?'에서 돈이 어떻게 여러분의 주머니에 들어오는지를 배웠다. 이 내용을 다시 한번 떠올리며 지금 가진 돈과 벌어들이는 돈이 얼마인지 따져보자. 용돈뿐 아니라 아르바이트로 번 돈, 할아버지에게 받은 돈도 모두 포함하자.

다음 단계로 여러분은 자신이 돈을 어디에 쓰는지 알아야 한다. 수입을 따질 때보다 조금 더 어려울지도 모른다. 대부분의 10대들은 사소한 물건들을 사는 데 들이는 비용이 많다. 따라서 일단 물건을 산 다음에는 별로 기억하지 않는 경우가 많다. 시간이 들더라도 돈을 어떤 종류의 일에 썼는지 떠올려보자. 예를 들어 다음과 같은 일에 돈을 썼을 것이다.

- 주거비(여러분의 상황과는 관련이 없을 수도 있다.)
- 교통비(버스비, 그 외의 교통수단)

- 부채(신용카드, 학자금 융자 등이 있는 경우)
- 오락비
- 개인적인 지출
- 교회나 성당 등의 헌금

위와 같이 지출의 대상을 열거한 다음에는 각각의 경우에 대해 범위를 확대시켜 얼마의 돈을 썼는지 알아내자. 대부분의 사람들은 월 단위로 예산을 짜지만 여러분의 경우에는 주 단위로 계획하는 편이 더 나을 수도 있다. 정확하게 얼마를 썼는지 몰라도 가능한 한 실제와 가깝게 지출을 계산한다.

이렇게 따지다보면 여러분은 자신이 돈을 어디에 얼마를 썼고 어디에서 돈을 절약할 수 있는지, 다른 용도에 돈을 더 쓸 수 있었는지 알 수 있다.

다음은 보통의 10대들이 돈을 쓰는 항목들을 표시한 예산 세우기의 표본이다. 자신에게 필요한 항목을 골라내자. 혹시 자신의 경우와 맞지 않는 항목이라면 빼버려도 상관없다.

꼭 필요한 지출

예산 편성표를 짤 때 제일 먼저 포함해야 할 항목은 반드시 필요한 부분에 대한 지출이다. 필수품이나 자신이 책임지고 돈을 지불해야 하는 항목을 제일 먼저 예산에 집어넣는다.

10대들을 위한 예산 편성표 (예)

항 목	대강의 지출액
교통비	
오락비	
영화, 콘서트 등의 입장료	
휴가비 / 취미생활 관련 지출	
애완동물 관련 지출	
잡지, 책	
비디오, CD	
카세트 등	
식당, 간식비	
합계	
개인적인 지출	
옷	
신발	
장신구	
화장품, 개인 위생용품	
선물	
기타	
합계	
자선	
교회, 성당	
기타	
합계	
총 합계	

어쩌면 반드시 지출해야 하는 항목이 여러분에게는 몇 가지 없을지도 모른다. 금요일 밤에 친구들과 패스트푸드점에 저녁을 먹으러 몰려가는 일을 중요하다고 생각할 수는 있지만 반드시 필요한 지출이라고는 말할 수 없다. 만약 자신의 옷이나 신발 혹은 치약 등을 직접 구입해야 할 책임이 있다면 이러한 지출은 반드시 필요하다.

학교에서 쓰는 학용품의 비용을 자신이 부담할 경우에는 반드시 지출해야 하는 항목에 포함시켜야 한다. 여러분이 독립해서 살 경우 반드시 지출할 항목은 늘어난다. 이러한 항목들을 가장 먼저 예산에 포함해야 한다는 사실을 명심하자.

나이가 들어 경제적인 책임이 증가할수록 여러분이 반드시 지출해야 하는 항목의 수가 늘어난다. 주거비, 부채, 보험료, 세금, 교통비, 의료비, 자녀 양육비 등이 여기에 속한다.

반드시 필요하지는 않은 지출

반드시 지출이 필요한 항목을 (하나라도 빠뜨리지 않도록 주의해서) 예산에 포함했으면 이제 나머지 지출 항목에 대해 따져본다. 학교 가는 길에 가게에 들러 좋아하는 야구팀의 로고가 찍힌 모자를 살 수도 있다.

그리고 친구들과 저녁 식사를 하는 등 자신이 갖고 싶거나 하고 싶은 일이지만 정말 필수적이지는 않은 일들이 여기에 속한다. 부모님이 여러분에게 필요한 물건들을 모두 챙겨주신다면 여러분이 가진 돈은 전부 자신이 원하는 곳에 쓰일 것이다.

예산에 관한 용어 이해하기

예산과 관련해 다양한 용어를 사용한다. 여러분의 예산 편성에 이들 용어를 모두 쓸 필요는 없지만 알아서 손해를 볼 일은 없으니 살펴보도록 하자.

- **일상적인 비용** : 매주 혹은 매달 같은 돈이 나가는 지출. 집세, 보험료, 음식값, 오락비 등이다.
- **비일상적인 비용** : 정기적으로 지출하지 않는 경우로서 가끔 있을 수도 있다. 의료 청구서, 차량 수리비, 결혼선물 비용 등.
- **고정비** : 매달 지출하는 액수에 큰 차이가 없는 비용(혹은 일정 기간까지 고정적으로 나가는 비용). 집세, 자동차 할부금, 헬스클럽 회비 등.
- **변동비** : 매달 지출하는 규모가 다른 비용. 오락비, 휴가비, 간식비, 의류 구입비, 전기 수도세 등.
- **필수적인 비용** : 반드시 필요해 결코 빼먹어서는 안 되는 비용. 주거비, 식대, 전기 · 수도 · 가스비 등.
- **임의적인 비용** : 반드시 필요하지는 않은 비용. 휴가비, 각종 입회금, 오락비 등.

위에 나온 형태의 비용은 여러 가지 방식으로 결합할 수 있다. 예를 들어 임의적인 비용은 고정비나 변동비가 될 수 있다. 헬스클럽의 회비는 고정비이며 임의적인 비용이기도 하다. 매달 같은 금액을 지불하지만 반드시 필요한 것은 아니다.

집세는 고정비이면서 필수적이고 일상적인 비용에 속한다. 휴가비는 변동비지만 임의적이고 비일상적인 비용이다. 이제 확실히 이해했는가?

비일상적인 비용

여러분의 예산에 들어갈 항목을 모두 정리했으면 이제 비일상적인 비용에 대해 좀더 생각해 보자. 비일상적인 비용을 상상하는 것은 아주 흥미롭다. 왜냐하면 비일상적인 사건들이 발생할 가능성은 무궁무진하기 때문이다.

친구들과 매년 휴가철을 맞아 해수욕장에 가는데 올해에도 갈지 모른다. 아직 초대를 받지는 않았지만 그럴 가능성이 있다. 비록 여러분이 따라가는 입장이지만 그래도 약간의 돈은 마련해서 가야 할 것이다.

물론 비일상적인 비용을 예상하고 미리 저축하려면 여러분의 수입이 여분의 돈을 남겨놓을 수 있을 만큼 충분해야 한다. 하지

만 가능하다면 이런 일에 대비해 어느 정도의 돈을 비축해놓는 것
이 현명한 생각이다.

불필요한 예산은 과감히 줄여라

일단 지출 항목을 모두 뽑았으면 여러분의 수입과 지출을 비교
해 보자. 재정 상태가 좋고 지출이 많지 않으면 매주 혹은 매달 어
느 정도의 저축이 가능하다. 반대로 자신의 지출이 얼마나 많았
는지 깨닫고 놀라는 사람도 있을 것이다. 항목에는 껌 몇 통, 음료
수, 화장품 등 모든 사소한 품목도 빼놓아서는 안 된다. 작은 품목
들은 금방 계산할 수 있을 것이다. 여러분의 지출이 수입을 초과
해서 걱정이라면 이에 대해 두 가지 방안을 떠올릴 수 있다.

- 돈을 더 버는 방법
- 소비를 줄이는 방법

만일 여러분이 아르바이트를 하고 있다면 다른 아르바이트 자
리를 하나 더 구할 가능성은 별로 없다. 게다가 여러분은 학원도
가야 하고 친구도 만나야 하며, 다른 취미나 관심거리에도 시간을
쏟아야 한다. 어쩌면 일을 더하거나 돈을 더 주는 일자리를 구할

수도 있지만 청소년일 때 돈벌기에만 열중하는 것은 그다지 바람직하지 않다.

지금 나이에 벌 수 있는 최대한의 돈을 벌고 있지만 그래도 저축을 하기에는 돈이 부족하다고 느낄 경우에는 너무 비대해진 자신의 예산을 줄이는 방법을 고려해볼 수 있다. 살을 빼는 것은 아주 고통스러운 작업이지만 거의 언제나 실행이 가능하다. 정말 예산을 줄여야 한다면 그 정도 고통쯤은 당연히 감수할 수 있지 않을까?

예산에 포함된 거의 모든 항목에서 비용을 줄일 수 있다. 사실 쉬운 것도 있지만 어려운 것도 있게 마련이다. 일반적으로 고정비보다는 변동비를 줄이기가 쉽다. 필수적인 비용은 임의적인 비용을 줄이기보다 어렵다. 그렇다고 여러분의 예산을 모두 줄일 수 없다는 말은 아니다. 오락비와 개인적인 지출을 자세히 들여다보면 해답을 찾을 수 있다.

지출을 줄이는 방법은 여러 가지다. 예산계획을 잘 세우면 여러분은 자신이 그동안 돈을 어떻게 썼는지 깨달을 수 있고 결국 지출을 줄이는 데 도움이 된다.

경고!!

완벽한 예산을 짜겠다고 너무 많은 시간을 소모하지는 말자. 단지 한두 달 정도 지켜보면서 만들어갈 수도 있다. 사람들이 너무 완벽하게 예산을 짜려다가 포기하는 경우가 많다. 계획을 꾸준히 밀고 나가는 것이 더 중요하다.

이것만은 알아두자

◇ 예산 세우는 법을 배우면 자신의 돈을 관리하고 바람직한 소비 습관을 키우는 데 많은 도움이 된다.

◇ 예산에는 교통비, 오락비, 자선기금, 개인적인 소비 등 다양한 종류의 지출에 대한 사항을 모두 포함해야 한다.

◇ 예상 밖의 상황에 대처하기 위해서는 비정기적인 지출의 발생을 미리 예상해야 한다.

◇ 예산을 줄이는 방법은 다양하며 주로 변동비와 임의적인 비용을 줄이는 것이 좋다.

2. 한정된 돈으로 최대한의 효과 얻기

돈을 버는 데 그릇된 방법을 썼다면, 그 만큼 그 마음속에는 상처가 나 있을 것이다.

보통 사람들과 마찬가지로 10대 청소년들 역시 쓸 수 있는 돈이 한정되어 있다. 따라서 예산을 세우면 현명하게 소비하고 원칙에 따라 돈을 모아 필요할 때 사고 싶은 물건을 살 수 있다.

그렇다면 이제부터 어떻게 돈을 써야 현명한지 살펴보자. 여러분 역시 돈을 효과적으로 쓰기를 원하지 않는가? 여러분이 5만 원을 가졌다고 가정해 보자. 여러분은 5만 원이 제법 큰 돈이라고 생각하지만 5만 원을 가지고 스키장에 갔다가 겨우 햄버거를 사 먹을 돈만 남은 사실을 깨달았을 수도 있다.

그러면 여러분이 지닌 돈의 액수에 관계없이 돈의 가치를 극대화하는 방법은 없을까? 가진 돈이 전부 2만 원라고 할 때 여러분은 그 돈을 가장 잘 사용했다는 확신을 얻고 싶을 것이다. 10만 원, 50만 원, 100만 원일 때도 마찬가지다. 돈에 대해 수완이 좋은 사람들은 얼마를 가졌든지 효율적으로 소비한다. 이번에는 자신이 가진 돈을 어떻게 효율적으로 쓰고 같은 돈으로도 최대의 효과를 얻을 수 있는지에 대해 알아보자.

무엇을 살지 결정하기

선택, 선택이 문제다. 사고 싶은 물건은 많은데 가진 돈은 얼마 되지 않는다. 하지만 걱정하지 말자. 무엇을 사야 할지, 말아야 할지 고민하고 있을 때 현명한 선택을 내릴 수 있는 간단한 방법이 있다.

그래 사버리자!

자신의 모습을 떠올려 보자. 여러분은 방금 가게에서 반드시 사야겠다고 마음먹은 물건을 보았다. 그것을 사지 않고는 못 배긴다는 사실을 여러분도 안다. 그토록 자신을 흥분시킨 물건이 무엇이든 먼저 지갑을 열어 충분한 돈이 있는지부터 확인하자. 점원에게 달려가 상자를 꺼내 보여 달라고 말하기 전에 그 시계, 신발, CD 혹은 다른 어떤 물건에 대해 잠깐 동안 지금 자신이 무엇을 하고 있는지, 이 물건을 사는 것이 정말 좋은 생각인지 물어보자.

다음의 질문을 자신에게 던진다.

1. 지금 사려는 물건이 정말 나에게 필요한가?
2. 필요하지 않다면 적어도 사고 싶은 마음이 정말 간절하고 진심인가?
3. 물건을 산 다음 분명히 사용하리라고 확신하나?
4. 지금 이것을 사도 이번 주에 필요한 다른 물건들을 사는 데 지장이 없을까?
5. 지금 물건을 사면 혹시 (있을지도 모를) 빌린 돈을 갚는 데

문제가 생길까?

6. 물건을 지금 당장 사지 않고 미루었다가 다음에 산다면 마음에 상처를 입을까?

7. 이 물건을 더 싸게 파는 곳이 있을까? 아니면 이 가게에서 할인 판매를 하지는 않을까?

8. 이 물건과 비슷하면서 값이 더 싸고 이만큼 좋은 물건을 찾을 수 있을까?

위와 같은 질문을 자신에게 던져본 다음 솔직히 대답해 보자. 그러면 정말 이 물건을 사야 하는지 아닌지에 대한 답을 얻을 수 있다. 만약 질문 1, 2, 3, 4, 6번에 대해서는 "그렇다", 질문 5, 7, 8에는 "아니다"라고 대답했다면 여러분은 그 물건을 사도 좋다.

질문 1에서 3까지 여러분이 "그렇다"라고 대답한 경우에는 그 물건이 정말 필요하고 갖고 싶으며 반드시 사용할 것으로 확신하

돈이란

어떤 물건을 제값을 모두 주고 살 때는 다음에 할인 판매할 가능성이 있는지도 판매원에게 물어보자. 많은 상점에서는 할인 판매를 자주 하며 그때를 기다리면 여러분은 더 싼 가격에 물건을 구입할 수 있다. 개중에는 거의 할인 판매를 하지 않는 브랜드 제품도 있지만 말이다.
눈을 돌려보면 다른 것이 보이는 법이다.

는 것이다. 4번 질문에 긍정으로 대답한 경우에는 여러분이 그 물건을 살 정도로 여유가 있고 남은 한 주 동안 쓸 돈도 충분하다는 의미이다. 6번 질문에 "그렇다"라고 대답했다면 물건을 지금 당장 구입할 필요가 있다는 의미이다. 아마도 다른 대체물이 없이 오직 한 품목만 있는 경우에 해당할 것이다.

5번 질문에 "아니오"라고 답했다면 빚을 갚기에 충분한 돈이 여러분에게 있다는 뜻이다. 그리고 7번과 8번 질문에 부정으로 답한 경우는 그 물건을 더 싼 가격으로 구할 수 없으며, 며칠 혹은 몇 주 안에 할인해서 팔 가능성조차 없음을 나타낸다. 상황이 이렇다면 물건을 구입하는 수밖에 없다. 사버리자!

안되었지만 다음에 사자

때로는 물건을 사야 할지, 말아야 할지에 대해 위와 같은 질문을 던지고 고심한 후 당장 구입하기를 포기하는 경우도 있다. 물건이 정말로 필요하지는 않다는 사실을 알았거나 그토록 사고 싶어 하는 물건이 아님을 깨달은 경우일 것이다. 같은 물건을 다른 곳에서 5천 원이나 싸게 파는 것을 보았거나 이번 월말에 할인 판매한다는 사실을 알았기 때문일 수도 있다.

여러분은 현재의 금전 상태가 걱정스럽고 충동구매로 상황을 악화시키고 싶어 하지 않을 수도 있다. 물건 구입에 확신을 가지지 못할 때 가장 좋은 방법은 내버려두는 것이다. 좀더 생각한 다음 정말 필요하면 내일 다시 와서 사겠다고 스스로에게 말해 보자.

정말 사고 싶은 생각이 들 경우에는 판매원에게 물건을 며칠 동안만 팔지 말고 보관해 달라고 부탁할 수도 있다. 아마 가게를 나온 후 그 물건이 정말 필요하지는 않았음을 깨달을 수도 있다.

언제 사야 할지 아는 방법

돈을 효율적으로 쓰려면 무엇을 살지 뿐만 아니라 언제 사야 할지도 알아야 한다. 복숭아, 토마토 같은 품목은 성수기에 사는 것이 가장 좋다. 다른 품목, 가령 겨울용 코트, 수영복은 계절이 지난 후에 사는 것이 더 유리하다.

성수기에 사야 할 품목

성수기에는 5천 원만 주고도 달콤한 귤 한 바구니를 살 수 있다. 하지만 같은 귤이라도 비수기에는 한 바구니에 2배 이상의 돈을 주어야 한다.

성수기에 생산되는 식품이나 계절 용품은 그 계절이 닥쳤을 때 구입하는 것이 가장 좋다. 하지만 계절을 피해서 구입해야 좋은 품목들도 있다.

돈이란

제철이 아닌데 정말 딸기가 먹고 싶어 못 견디겠다면 냉동식품점을 찾아가자. 철이 한창일 때 따서 얼려놓은 과일은 맛도 괜찮을 뿐더러 요리나 빵을 구울 때도 제격이다.

비수기에 사야 할 품목

결정을 내려야 한다. 때는 늦은 3월, 자주 들르는 옷가게에서 봄에 어울리는 새 옷을 사기로 마음먹었다. 지난주 자신과 가장 친한 친구가 진한 핑크빛 재킷을 샀다. 그리고 방금 전 만난 오빠의 여자 친구는 화사한 청록색 재킷을 뽐내듯이 입고 있었다.

가게를 둘러보는 동안 여러분은 두꺼운 겨울 외투를 무려 75퍼센트나 할인한 가격에 판다는 사실을 알았다. 사실 따뜻하고 멋진 겨울 외투를 봄 재킷보다 더 싼 가격에 살 수 있는 상황이다. 겨울에 입을 외투가 필요한 것은 사실이다. 작년 겨울에 입었던 외투는 너무 작고 끼여서 불편했을 뿐 아니라 마치 동생 옷을 빌려 입은 듯해 창피하기 그지없었다.

자, 그러면 어떻게 할까? 거저나 다름없는 가격의 겨울 외투를 사고 봄 재킷은 포기할까? 아니면 새로 산 청바지와 잘 어울리는 연노랑 빛 양털 재킷을 사서 이번 봄에 한껏 멋을 내볼까? 잠깐 동안 어떤 것이 나은지 곰곰이 생각한다. 다시 한번 더 생각하고…. 그래 결정했어. 이제 솔직한 대답이 나올 차례다. 여러분이라면 어떻게 할까?

만일 여러분이 겨울 외투를 사기로 결정했다면 정말 잘한 일이다. 축하한다! 자신에게 축하의 박수를 보내고 알뜰한 소비자 모임에 들도록 하자. 여러분이 양털 재킷을 사면 올 가을이 다가오는 순간부터 겨울 외투를 걱정하게 되리라는 점을 미리 예감한 것이다.

계절이 지난 상품을 구입해서 다음에 선물을 한다면 여러분의 지갑은 훨씬 두툼해질 것이다. 여러분이 선물을 언제 샀는지 알고 싶어 하는 사람은 없을 테니까.

현실적으로 생각하자. 바깥에 수선화가 활짝 핀 화사한 봄에 겨울 외투를 살 생각을 하기는 쉽지 않다. 이번 봄에 있을 각종 모임을 기대하다보면 다음 겨울을 따뜻하게 보내려는 생각은 일단 접어두기가 쉽다.

하지만 겨울 외투를 사는 것이 실제로는 얼마나 현명한지 생각해 보자. 늦가을 첫서리가 내린 추운 아침에 옷장에서 외투를 꺼내 걸칠 때 얼마나 뿌듯한 마음이 생길지 상상해 보자. 외투를 싸게 사서 아낀 돈으로 무엇을 할 수 있는지도 궁리해 보자. 계절이 지난 제품을 사는 것이 언제나 이처럼 매력적이지는 않지만 아무튼 제법 많은 금액을 아낄 수는 있다.

어디에서 사야 할지 아는 법

물건을 어떻게 사야 하는지에 대해 알았으므로 이제 여러분의 돈을 어디에서 쓸지도 생각하자. 물건을 살 곳이 요즘처럼 많은 때가 또 있었을까? 여러분은 전형적인 방식으로 쇼핑몰에서 물건을 사거나 최근 갑자기 생겨서 갈수록 그 수가 증가하는 전문점을 방문할 수도 있다.

옷을 한번도 입어보지도 않고 그저 카탈로그만 보고 구입하거나 온라인을 통해 쇼핑하는 많은 사람들 틈에 낄 수도 있다. 지금부터는 다양한 방식의 쇼핑을 살펴보자. 각각의 장점과 단점을 확인하고 어디에서 물건을 구입하는 것이 가장 효과적인지를 알아본다.

백화점

대부분의 백화점들은 의류, 선물, 화장품, 가정용품, 아동용품 등 수많은 상품을 취급하며 대개 좋은 서비스를 제공한다. 제품이 마음에 들지 않거나 품질에 문제가 있을 때는 (영수증만 가지고 있으면) 제품을 환불받을 수도 있다. 백화점에서는 사고 싶은 물건을 마음껏 구경할 수도 있고 옷이 자신에게 잘 어울리는지 직접 입어볼 수도 있다.

백화점에서 물건을 구입할 때는 할인 행사가 있는지 꼭 확인하

자. 오늘 8만 원 하는 바지 한 벌을 주말에는 4만 원에 살 수 있을지도 모른다. 여러분의 방에 꼭 어울릴 새로 나온 침대보 역시 월말 할인 기간에는 50퍼센트나 값이 내려갈 수 있다. 판매원들은 여러분이 원하는 그 물건이 곧 있을 할인행사 때 값이 떨어진다고 미리 알려줄지도 모른다.

전문점

전문점은 흥미로운 물건을 많이 갖추고 있지만 백화점이나 할인점에 비해 값은 비싼 편이다. 그래도 전문점에 가면 다른 일반 점포에서 볼 수 없는 기상천외한 제품들을 찾을 수 있다.

이와 같은 전문점의 특성이 여러분의 취향에 맞으면 전문점을 이용하는 것도 좋은 생각이다. 백화점과 마찬가지로 전문점에서도 할인행사가 다가오는지 혹은 성수기를 지난 제품을 따로 판매하는지 알아보자.

여기서 잠깐!

전문점은 대체로 규모가 작고 그 지역에 소속된 경우가 많다. 용기를 내서 가게의 주인에게 정말 사고 싶은 물건이 있으니 가격을 깎아 달라고 요청할 수도 있다. 어쩌면 주인은 물건을 팔 욕심에 마진을 줄여가면서까지 여러분에게 매달릴지 모른다. 물어봐서 손해 볼 일은 없다. 그렇지 않은가?

할인점

많은 사람들이 즐겨 찾는 할인점은 다양한 제품을 취급하면서 보통 백화점보다 물건값이 싸다. 할인점의 종류는 다양하며 점포의 종류에 따라 가격에도 차이가 있다.

이마트나 삼성 홈플러스 같은 대형 할인점은 다량의 제품을 사들여 소비자에게 싼 가격으로 상품을 제공한다. 백화점에서 보던 것과 똑같은 상표의 제품을 판매하기도 하는데 롯데나 신세계 백화점에서 판매하는 최고급 제품과는 차이가 있을 수 있다. 일부 할인점에서는 약간의 흠이 있는 제품을 취급하기도 한다. 재고품이나 전년도에 팔고 남은 제품을 판매하는 할인점도 있다.

경고!!

할인점 매장에서 물건을 구입할 때는 물건의 환불이 가능한지 그리고 제품에 혹시라도 결함이 있는지 구입 전에 반드시 살펴야 한다. 흠이 있는 제품을 구입해서 환불도 못해서는 안 되기 때문이다.

인터넷 쇼핑

인터넷 쇼핑이 인기라는 점은 두말할 필요도 없다. 대부분이 온라인상의 카탈로그를 보고 제품을 구입한다. 이러한 온라인 구매 붐에 누구나 동참하려고 안달이다.

여러분은 마우스만 몇 차례 클릭하면 초콜릿과 운동화, 책, 영화 티켓까지 구입할 수 있다. 의류, 선물, 음식, 애완동물 등 거의 모든 종류의 가정용품 구입이 온라인에서 가능하다.

전문가들은 소비자들이 인터넷에 익숙해지고 온라인 쇼핑의 장점을 깨달으면서 인터넷을 통한 제품 구입은 앞으로도 계속 증가할 것으로 예측한다. 인터넷을 통하면 거의 모든 물건을 구입할 수 있다. 상품의 구색과 다양성은 한정되지 않으므로 어디에 있는지 알아 찾기만 하면 된다.

온라인 쇼핑을 통해 유쾌한 경험을 하려면 다음의 지침을 따라야 한다.

- 여러분이 물건을 구매하는 웹 사이트가 안전한지 확인한다. 안전한 사이트란 여러분의 신용카드 번호를 포함한 개인정보가 다른 사람에게 함부로 노출되지 않고 보호받을 수 있는 곳을 말한다. 물건을 구입하기 전에 웹 사이트의 개인 정보 보호지침을 읽도록 하자.
- 온라인을 통해 구입한 제품의 영수증과 확인서를 출력해 놓는다. 거래 기록이 다음에 필요할 수도 있다.
- 신용카드 청구서가 도착하면 청구서의 금액과 영수증에 기록된 금액이 일치하는지 확인한다. 금액이 다른 경우가 발생할 가능성이 있다.

■ 인터넷으로 물건을 주문할 때는 고객서비스 번호를 기록했다가 프린터로 출력한 영수증에 그 번호를 적어두자. 문제가 발생할 경우 참고할 수 있다.

온라인 쇼핑 업체끼리의 경쟁이 치열하기 때문에 많은 인터넷 쇼핑 업체들은 여러분을 웹 사이트에 끌어들이기 위해 온갖 수단을 다 쓴다. 종종 인터넷에 접속할 때 특별 판매라는 창이 뜬다.

그러나 주문한 제품이 제대로 배달되지 않는 경우만이 온라인 쇼핑에서 가장 위험한 요소는 아니다. 인터넷이라는 광대한 영역에서 보여주는 수많은 제품들을 너무 손쉽게 가질 수 있다는 점이 오히려 더 위험하다.

인터넷으로 물건을 구입할 생각이라면 먼저 자신이 돈을 얼마까지 쓸 수 있는지 미리 정해놓는 것이 현명하다. 자신의 지출 범위 안에서 인터넷 쇼핑을 마음껏 즐기자.

통신판매

오늘날 인터넷에서도 통신판매 제품의 카탈로그를 구할 수 있다. 그래도 통신판매는 아직 인기가 높은 편이다. 할인가에 제품을 판매하는 통신판매 회사가 간혹 있지만 대부분의 통신판매 회사는 제품을 비싼 값에 판다. 통신판매의 장점은 백화점처럼 재고 상품이나 성수기가 지난 상품을 아주 싼 가격에 판매한다는 사실이다. 이러한 기회를 놓치지 말고 이용하자.

물건을 사기로 결정하고 꼭 사려고 계획했던 품목을 샀으면 나머지 품목은 월말에 갚을 수 있는 정도까지만 구입하자.

중고품을 살 경우

여러분이 돈을 최대한 효과적으로 쓸 생각이라면 중고품을 구입하는 것도 좋다. 중고품 가게에는 특이한 제품과 복고풍 의류, 그리고 값싼 제품들이 가득 차 있다.

인터넷에 접속해서 여러분이 찾는 물건, 가령 컴퓨터, 운동 장비, 악기 등을 다른 누군가가 처분하려고 내놓았는지 알아보자. 물품을 입력하면 인터넷상에서 판매하는 곳을 찾을 수 있다. 물론 중고품을 구입할 때는 물건의 품질을 확인하기 어렵다는 단점이 있다.

그러므로 전자제품이나 값비싼 물건을 살 경우에는 특히 주의를 기울여야 한다. 여러분은 인터넷을 통하거나 직접 사람을 만나서 거래할 수 있다. 만약 물건을 사기도 전에 파는 사람이 얼렁뚱땅 서두르는 기미가 보이거나 물건을 시험할 기회를 주지 않는다면 거래를 그만두는 편이 좋다.

가구, 전자제품, 악기, 운동 장비 등은 중고품을 파는 가게에서도 영수증을 반드시 챙기자. 구입 후 환불이 되는지 물건 값을 건네주기 전에 확인하자.

어떤 물건을 얼마에 사든지 가장 효과적으로 돈을 써야 한다. 여러분에게 얼마가 있고 앞으로 들어올 돈이 얼마인지에 상관없이 돈을 지출할 때는 각별히 주의하는 것이 가장 좋다.

이것만은 알아두자

◇ 돈이 많든 적든 가장 쓸모 있게 돈을 사용하는 것이 중요하다.
◇ 물건을 사기에 좋은 때라는 생각이 들어도 가끔은 시간을 두고 기다리는 것이 더 나을 때도 있다.
◇ 물건을 구입할 시기를 결정하는 일은 무엇을 살지 결정하는 것만큼 중요하다.
◇ 각각의 물건을 어디에서 구입할지 알면 상당한 돈을 아낄 수 있다.
◇ 물건을 제대로만 확인한다면 중고품을 사는 것도 좋은 방법이다.

3. ATM과 직불카드

승자의 주머니 속에는 꿈이 있고, 패자의 주머니 속에는 욕심이
있다.

자동현금입출금기(ATM : Automated Teller Machine)가 생기기 전에는 사람들이 은행에 직접 걸어 들어가 출금전표를 적어 줄을 서서 기다리고 전표를 은행원에게 건네주고 자신의 예금 계좌에 든 돈을 찾았다. 당시의 복잡한 절차를 현재의 우리로서는 쉽게 상상하기 어렵다. 지금 우리는 돈이 필요하면 언제든지 은행에 가서 자신의 계좌에 있는 돈을 인출한다.

잡화점 등 어디에서나 구입한 물건값보다 큰 액수의 수표를 지불할 때 거스름돈을 가질 수도 있다. 친구나 가족 중 누구에게 돈을 빌릴 수도 있다. 수영 강습을 마치고 돌아가는 길에 ATM에 들러 2만 원을 찾아 친구와 저녁을 먹으러 갈 수도 있다.

이제부터는 ATM의 역사와 우리 생활에 미치는 영향을 살펴보자. 그리고 이 편리한 기계의 장점과 단점은 무엇인지 알아본다.

ATM의 역사

자동현금입출금기는 대략 20년 전에 처음 선을 보였다. 당시에는 ATM이 오늘날처럼 일반적이지도 인기가 높지도 않았다. 사실 사람들이 기계를 쉽게 믿지 못했기 때문에, 은행에서는 일반인들이 ATM을 이용하도록 선전을 하거나 특별한 전략을 세워야 했다.

물론 시간이 지나면서 사람들은 ATM에 익숙해졌다. 오늘날 ATM은 우체통이나 공중전화만큼이나 주변에 흔하다. 사실 ATM은 어디에나 있다. 백화점, 극장, 편의점, 주유소 등 어디서나 필요한 돈을 찾을 수 있게 되었다.

그렇다면 어째서 은행들은 ATM을 널리 퍼뜨릴까? 은행은 ATM을 통해 고객에게 더 편리한 서비스를 제공한다고 말한다. 그런데 사실 그들에게 다른 속셈이 있음을 우리는 안다.

돈이란

미국의 경우 한 소비자 단체에 따르면 ATM 거래를 통해서 은행은 한해 20억 달러 이상을 벌어들인다고 한다. 은행으로서는 정말 남는 장사가 아닐 수 없다.
ATM은 은행 직원의 높은 보수 지급 없이도 입금, 출금, 이체 등의 웬만한 은행 업무를 하기 때문에 매우 효율적이다.

은행은 직원보다는 오히려 ATM을 늘리기를 선호한다. ATM은 24시간 일하면서 불평도 없기 때문이다. 하지만 은행이 정말 ATM을 좋아할 수밖에 없는 이유는 거래에 따른 수수료로 막대한 액수를 벌어들이기 때문이다. ATM이 처음 등장했을 때 수수료는 없었다. 처음에는 어떤 기계를 이용하든 공짜로 은행거래를 할 수 있었다.

하지만 ATM이 늘어나고 사람들의 이용이 잦아지면서 은행은

이 기계를 돈버는 기계로 바꾸려고 마음먹었다. 지금은 대부분의 ATM이 수수료를 받는다. 그리고 은행은 고객들이 ATM을 이용하도록 권장한다. 사실 일부 은행에서는 고객이 은행에서 은행원과 직접 거래할 때 요금을 부과한다. 도저히 이들을 당해낼 수 없다.

ATM의 사용방법

ATM을 이용해 돈을 찾으려면 아래 세 가지를 갖추어야 한다.

- ATM 카드
- 비밀번호
- ATM 시스템을 이용할 수 있는 은행의 거래 계좌(당좌 예금 혹은 저축성 예금)

은행에서 계좌를 개설할 때 ATM 카드를 신청할 수 있다. 신청 즉시 카드를 받거나 일정한 절차를 거쳐 여러분에게 우편으로 발송될 수도 있다. 자신이 신청한 은행이나 신용협동조합에서 ATM 카드에 대해 연회비를 물리는지 확인하자. 회비가 있다면 얼마인지도 확인하자.

ATM 카드에는 자신만이 쓸 수 있는 비밀번호가 있다. 비밀번호는 ATM 카드를 사용할 때마다 입력하는 번호로 다른 사람은 아무도 모른다. 기계에 카드를 넣은 다음, 비밀번호를 입력해야 거래를 할 수 있다. 비밀번호가 틀리거나 두 번 혹은 세 번을 입력해도 맞지 않으면 대개 거래가 중지된다.

ATM 카드를 이용해 자신의 당좌 예금 또는 저축성 예금에서 현금을 인출할 수 있다. 또 다른 계좌로 돈을 이체하거나 잔액을 확인할 수도 있다. 기계에 따라 입금도 가능하다. 아무튼 ATM은 주로 자신의 현금을 쉽게 찾아 쓸 수 있다는 점에서 유용하다.

ATM 카드 중 일부는 직불카드라고 부르며 상점에서 물건을 구매할 때 그만큼의 액수가 자신의 은행 계좌에서 바로 빠져나간다. 대개 이 경우에는 서비스에 대한 수수료가 붙지 않으므로 물건을 구매하고 남은 돈을 현금으로 받을 수 있다.

ATM도 서로 다르다고?

그렇다. 어떤 ATM을 이용해 돈을 찾을 때 기계의 종류에 따라 수수료를 물지 않거나 더 낮은 수수료만 드는 경우도 있다. 대개 자신의 은행에서 운영하는 기계일 때 은행영업 시간에 한해서는 수수료가 없다. 또 편의점 등에서도 수수료를 물리지 않는 ATM이 있다. 자신이 거래하는 은행의 기계가 아니거나 전국망을 갖춘 ATM은 사용할 때 수수료를 물어야 한다.

돈을 인출할 때 수수료를 물리지 않는 ATM이 낫다는 사실은 당연하다. 자신이 거래하는 은행의 소유이거나 무료로 거래할 수 있는 ATM을 찾아 가능하면 그 기계를 이용하자.

거래하는 은행이 소규모이거나 여러분이 주로 온라인 거래를 한다면 수수료를 물지 않는 ATM이 어디에 있는지 알아두는 것도 정말 중요하다. 인터넷 은행과 일부 소규모 은행, 신용협동조합에는 자체 소유의 기계가 없다. 따라서 여러분이 수수료를 물지 않는 ATM을 찾지 못한다면 어쩔 수 없이 매번 다른 은행의 기계에 수수료를 물 수밖에 없다.

ATM의 유용성

문제는 왜 사람들은 수수료를 물어가면서까지 ATM을 계속 이용하느냐는 것이다. 말하자면 왜 자신의 돈을 찾기 위해 많은 돈을 소비해야 할까? 이 질문에 대한 답은 여러분도 알고 있을 것이다. ATM을 사용하는 이유는 편리함 때문이다. 그리고 거기에 드는 비용을 기꺼이 지불할 의사가 있기 때문이다.

ATM은 곳곳에서 찾아볼 수 있고 언제나 사용이 가능하다. 밤

10시에 잠옷차림으로 ATM을 찾아가 돈을 인출할 수도 있다. 문을 연 은행을 도저히 찾기 힘든 설날과 같은 공휴일에도 ATM을 이용하면 돈을 찾을 수 있다.

ATM의 수수료

ATM을 자주 이용한다면 적어도 몇 번은 수수료를 물게 된다. 그러나 수수료를 물어도 이 비용을 최소화하는 방법이 없지는 않다.

우선 ATM 때문에 드는 돈이 어느 정도인지부터 알아보자. 미국의 경우 보통 사람들이 1년에 72회 ATM을 이용한다는 통계가 있다. 만일 보통 사람이 ATM을 이용할 때마다 수수료 5백 원씩을 물었다면 1년 동안 모두 3만 6천 원의 돈을 자신의 돈을 찾는 데 쓴 셈이다.

힘들게 번 돈을 은행 수수료로 지불하는 대신 아낄 수 있는 방법에는 어떤 것들이 있는지 알아보자.

- 항상 편리한 대로만 돈을 찾아 쓰지 말고 가능한 한 자신이 거래하는 은행의 소유이거나 수수료가 없는 기계를 이용한다.
- 돈을 조금씩 자주 인출하지 말자. 다음 주에 쓸 돈이 5만 원이라면 ATM에서 한 번에 5만 원을 모두 인출하자. 그러면 다

시 ATM을 찾을 필요가 없고 수수료를 물 필요도 없어진다.

- 물건을 살 일이 있으면 직불카드를 이용해 여분의 돈을 찾아놓는다.
- 만일 편리한 곳에 자신의 은행 소유인 ATM이 없다면 여기저기 다른 기계들을 둘러보자. ATM의 수수료는 기계마다 다르다.

ATM은 누구에게나 편리하지만 ATM을 사용하는 데 드는 비용을 줄이려면 좀더 계획적이고 분별력 있게 행동해야 한다. ATM이 편리한 만큼 문제를 불러올 가능성도 있기 때문이다.

경고!!

특정한 ATM의 화면에 수수료에 대한 표시가 나오지 않는다고 해서 수수료가 없다고 무작정 믿어서는 안 된다. 화면에는 보이지 않지만 기계의 몸체에 스티커가 붙어 있을 수 있으니 주의하자.

카드의 함정

작은 플라스틱 카드 한 장이 수많은 문제의 근원이 되리라고 상상하기는 어려울지 모른다. 하지만 제대로 사용하고 주의해서 관리하지 않는다면 ATM 카드는 그 편리함보다 더 큰 화를 불러올 수도 있다.

카드를 분실하거나 도난당한 경우, 또는 기계에 꽂은 채로 내버려두고 올 수도 있다. 만일 여러분 자신에게 이런 일이 발생하면 그 즉시 카드를 발급받은 곳에 분실 신고를 해야 한다. ATM 카드의 사용에 관한 안전 사항도 반드시 명심해야 한다.

ATM 카드를 사용하는 사람은 현금을 쥐고 있기 때문에 흔히 강도들의 표적이 된다. ATM 앞에 서 있을 때 누군가 다가와 돈을 달라고 위협하면 돈을 줘 버려라. 아무리 큰 액수의 돈이라도 자신의 생명을 위협에 빠뜨릴 만큼 귀중하지는 않다. 혹시 강도가 비밀번호를 털어놓으라고 위협하면 번호를 알려주고 이후 가능한 빨리 도난 신고를 해라.

ATM을 이용할 때는 가급적 다른 사람을 곁에 두자. 특히 주차장 구석의 외딴 곳에 ATM이 있을 때는 더욱 주의해야 한다. 밤중에 혼자 ATM을 사용하는 일도 위험하다. 일단 거래가 끝나면 그 즉시 ATM 옆을 벗어나자. ATM 앞에서 돈을 세는 일을 해서는 안 된다.

ATM을 사용할 때뿐 아니라 어떤 종류의 범죄에 대해서도 자신을 가장 철저히 지키기 위해서는 주변의 상황을 항상 염두에 두고 상식적인 선에서 행동해야 한다.

어쨌든 그것도 돈이다

ATM을 사용해 현찰을 얻는 방법은 쉽고 간편하다. 사실은 너무 쉽고 간편하기 때문에 너무 많은 일을 저지르기 쉽다. 직불카드를 이용해 물건을 구입하는 것도 아주 간단하다. 카드를 사용해 물건을 구입할 때는 현금을 주고 물건을 살 때와는 다르게 느껴진다.

카드를 사용할 때는 현실 감각이 다소 떨어진다. 실제로 현금 등록기 앞에 있는 사람에게 카드를 건넬 때는 현찰을 건넬 때와는 달리 돈을 쓴다는 느낌이 덜하다.

그러나 분명한 사실은 직불카드를 이용해도 실제 돈을 내는 것과 마찬가지라는 점이다. ATM을 이용해서 자신의 계좌에 든 돈을 빼는 순간 그 돈은 곧 소비와 연결된다. 자신이 돈을 얼마나 뽑았고 그 돈으로 무엇을 할지 세심하게 따져봐야 한다. ATM에서 아무 생각 없이 1만 원이나 2만 원을 찾기는 쉽다. 하지만 결국 어느 날 갑자기 자신이 10만 원을 찾아 썼다는 사실을 깨닫게 된다.

ATM과 직불카드는 상당히 유용한 반면 잠재적인 위험의 가능성을 지니고 있다. 상식적인 선에서 행동하고 수수료가 없거나 적은 ATM을 이용하자. 그리고 언제나 자신의 금전 상황을 확인하는 자세가 무엇보다 중요하다.

이것만은 알아두자

◇ 사람들은 처음에는 ATM 사용을 꺼렸지만 어느새 ATM에 열광하게 되었다.

◇ 은행들이 ATM을 선호하는 이유는 일년에 수십억 원의 수수료를 벌 수 있기 때문이다.

◇ ATM을 이용하려면 카드와 비밀번호, 돈이 들어 있는 계좌가 있어야 한다.

◇ ATM에도 여러 종류가 있으며 이용 수수료를 줄이는 방법도 다양하다.

◇ ATM과 직불카드는 편리하지만 문제가 발생할 가능성이 있기 때문에 언제나 자신의 금전상황을 확인할 필요가 있다.

05

돈에 관한 한발 앞선
이야기들

10대들이라고 해서 자신의 금전 상황을 부모님이 모두
좌지우지하도록 가만히 물러나있으라는 법은 없다. 10대들이
나서서 스스로 주식을 사거나 투자하고 회사를 차려 사업을 키우며
자신의 돈을 움직일 수도 있다.
〈돈에 관한 한발 앞선 이야기들〉에서는 한 단계 앞선 금융과
관련된 내용들을 다룬다. 이러한 내용은 앞으로 여러분의 미래를
계획하는 데 도움이 될 것이다.

1. 신용카드와 부채 이해하기
2. 놀라운 투자의 세계
3. 자신의 사업 구상하기

지금까지 저축성 예금, 돈을 아끼는 법, 소비하는 법 등
기본적인 사항을 모두 익혔으니 이제 좀더 복잡한 돈과 금융의
문제로 넘어가보자. 아마 여러분은 신용카드를 이미 가지고
있거나 하나쯤 구할 생각을 하고 있을지도 모른다. 어쩌면 어느
정도 돈을 모아두고 투자할 기회를 노리는 사람도 있을 것이다.
이러한 주제들은 이 책에서 지금까지 다룬 내용들에 비하면 한
단계 더 나아간 것이다. 그러나 지금의 10대들이 앞으로 점차
관여하게 될 부분이기도 하다.

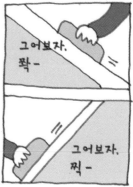

1. 신용카드와 부채 이해하기

일을 사랑해서가 아니라, 돈 때문에 일하는 사람은 돈을 벌지도 못할 뿐만 아니라 즐거움도 얻지 못하는 법이다.

신용카드는 사용하기가 쉽다. 신용카드는 끊임없이 만족을 준다. 여러분이 원할 때 신용카드는 그것이 무엇이든 모두 들어준다. 기다릴 필요도 없고 저축할 필요도 없으며 아버지나 어머니에게 하듯이 따로 설득할 필요도 없다.

그러나 한편으로 신용카드는 위험한 물건이다. 신용카드를 적절하게 사용하지 못해 수백만 명의 사람들이 큰 곤란에 빠지기도 한다. 신용카드 부채로 많은 사람들이 파산한다. 그 빚을 갚으려고 사람들은 자신의 집을 팔기까지 한다. 가족들은 뿔뿔이 흩어지고 사람들끼리 서로 죽이기도 한다. 물론 이런 문제의 원인이 반드시 카드에만 있는 것은 아니다. 카드를 가진 사람들의 소비 습관이 나쁘기 때문이다.

지금부터 우리는 신용카드에 대한 찬반의 입장을 살펴본다. 그리고 신용카드를 현명하게 사용하는 방법에 대해 알아본다. 먼저 신용카드가 어떻게 생겨났고 어떻게 지금과 같은 인기를 모으게 되었는지부터 알아보자.

도대체 신용카드는 누가 만들었을까?

최초로 신용카드를 도입한 것은 은행이다. 신용카드는 1960년대 말 미국에서 유행하기 시작했다. 미국의 아메리카 은행이 처음 신용카드를 발급한 이후 사람들은 미친 듯이 신용카드를 써대기 시작했다.

물론 1960년대 이전에도 사람들은 신용으로 물건을 살 수 있었다. 물건을 오늘 사면 돈을 다음 주 혹은 다음 달에 지불하는 방식이 예전에도 있었다. 하지만 과거에는 물건을 사는 사람과 파는 사람이 서로를 믿고 거래했다. 그 중간에 개입된 사람은 아무도 없다. 이점이 지금의 신용카드와는 달랐다.

한국의 은행 신용카드는 외환은행이 1978년부터 VISA 카드를 발행한 것이 효시이다. 현재 신용카드에 가입하려면 급여소득이나 재산 등이 있어야 하고, 미성년자의 경우에는 부모의 동의도 필요하다.

신용카드가 필요한 이유

책임감 있게 사용만 한다면 신용카드는 좋은 수단이다. 언제나 신용카드를 이용하지만 전혀 문제를 일으키지 않는 사람이 있다. 신용카드 덕분에 위기를 모면하기도 한다. 사실 신용카드가 없으면 어떻게 살아갈지 상상할 수 없는 사람도 많다.

신용카드 덕분에 현금을 가지고 다닐 필요가 없어졌다. 신용카드가 안전성과 편리성을 두루 갖추고 있기 때문이다. 현실적으로 생각해 보자. 주머니나 지갑에 20만 원이나 30만 원을 넣고 돌아다니는 것은 별로 현명하지 못한 행동이다. 많은 액수의 돈은 나쁜 사람들의 주의를 끌기 쉽고 혹시나 사고가 일어나지 말라는 법도 없다.

누군가 여러분의 돈을 훔치면 그것으로 끝장이다. 신용카드를 도둑맞은 경우 카드 발급 회사에 신고를 하면 카드 회사는 여러분의 계좌를 사용하지 못하도록 막는다. 신고를 했으면 다른 사람이 그 카드로 물건을 구입해도 여러분은 그것에 대한 대금을 지불하지 않는다.

정말 신용카드를 써야 하는 경우도 있다. 신용카드 없이 호텔을 예약하기가 얼마나 어려운지, 아니 불가능한지 여러분도 알 것이다. 비행기표를 예매할 때, 카탈로그를 보고 물건을 주문하거나 혹은 인터넷을 통해 물건을 구입할 때도 신용카드가 필요하다.

신용카드를 가져서 좋은 점은 그뿐만이 아니다. 신용카드를 제대로만 사용한다면 여러분은 자신의 신용 경력을 좋게 만들어갈 수 있다. 또 위급상황에서는 신용카드를 반드시 소지해야 한다.

신용 쌓기

여러분도 언젠가는 차를 사거나 주택을 구입하기 위해 대출을 받거나 집을 저당 잡힐 경우가 있다. 이럴 때 여러분에게 대출을 해주는 사람이나 기관은 여러분의 신용 경력을 먼저 조사한다.

여러분이 각종 대금을 지불한 이력이 신용 경력에 포함되며 결국 여러분의 인생에 영향을 미친다.

중요한 일로 돈을 빌릴 때는 신용 경력이 좋으면 득이 되지만 나쁘면 해가 되기도 한다. 그러니까 신용카드를 처음 사용할 때부터는 신용을 좋게 유지하도록 애써야 한다.

여러분이 처음 신용카드를 신청할 때 신청서에 기록한 자신의 이름과 모든 정보는 컴퓨터에 축적되고 이때부터 자신의 신용 경력이 쌓이기 시작한다.

이들 신용정보회사는 은행, 금융회사, 신용카드 회사, 백화점, 통신판매회사, 온라인 쇼핑 회사 등 여러분과 관련된 모든 기관에서 정보를 수집해 신용 경력을 보관한다.

은행에 융자나 담보 대출을 받으러 가면 담당자는 신용보고서를 뽑아 보고 여러분에게 돈을 빌려줘도 문제가 없는지 판단한다. 신용보고서에 나온 기록을 통해 여러분이 청구대금을 정해진 일자에 납부했고 특별한 부채가 없다고 판단되면 융자나 대출이 쉽다.

과거에 주요 신용카드 회사들은 신용 경력이 없고 부모님이나 다른 보호자의 공동 서명이 없으면 10대들에게 신용카드를 발급해 주지 않았다. 카드를 발급받으려면 지역 백화점 등에서 신용거래를 하거나 대출한 돈을 갚은 기록 증명 등이 있어야 했다. 하지만 요즈음은 주요 신용회사들도 신용 경력을 별로 따지지 않는

다. 실제로 신용카드 회사들은 누구에게나 카드를 발급해 주고 사은품으로 티셔츠나 전화카드를 준다.

하지만 여러분이 카드를 받거나 신청을 한 경우, 그때부터 자신의 신용 경력을 스스로가 만들어간다는 점은 꼭 명심하자. 책임감 있는 신용카드의 사용이 자신의 신용을 높이는 길이다.

위급 상황

신용카드가 필요한 또 다른 이유는 위급 상황에 대처하기 위해서이다. 갑자기 자동차가 고장이 나서 급히 수리를 요청해야 할 때가 있다. 작년 여름 해변에서 만난 친구의 집을 방문했는데 그 친구는 이사를 가고 없었다. 밤은 깊었고 머물 곳이 없어 여관에서 하룻밤을 묵어야 하는 상황도 있다. 또는 유일한 교통수단인 자전거가 망가졌다. 일을 해야 하는데 그러기 위해서는 새 자전거를 장만해야 한다. 이런 경우에 자신의 이름이 새겨진 신용카드는 아주 유용하다.

물건을 사야 하는데 이 상황이 정말 급한지 아닌지를 판단하기가 난감할 때가 있다. 정말 위급한 상황이 언제인지 분명히 이해하자. 백화점에서 정말 예쁜 목걸이를 보고 사고 싶어 못 견딘다. 이 경우를 위급 상황이라고 할 수는 없다. 새 운동화나 여자친구와 함께 보기로 한 영화 등 단지 자신의 '욕구'를 만족시키려는 상황을 반드시 위급한 상황이라고 말할 수 없다. 정말 위급한 상황에서 카드를 유용하게 써야 한다.

신용카드를 갖지 말아야 하는 이유

어떤 경우에는 신용카드로 사람의 생명을 구하기도 한다. 하지만 다른 한편으로는 신용카드가 커다란 재앙을 불러오는 원인이 되기도 한다. 신용카드 빚을 매달 갚아나가지 않으면 여러분은 엄청나게 늘어난 이자에 시달린다. 비록 카드 빚을 모두 갚았다고 해도 여전히 신용카드는 다른 온갖 수수료를 내놓으라고 요구한다. 신용카드와 관련된 비용들에는 어떤 것들이 있는지 살펴보자.

높은 이자율
잘 생각해 보자. 여러분이 힘들게 번 돈을 저축성 예금에 맡겼을 때 은행이 지급하는 이자는 고작 3~4퍼센트에 불과하다. 여러분도 알고 있듯이 그 정도가 일반적이다. 그렇지 않은가? 하지만 여러분이 신용카드 빚을 남겨두면 은행은 무려 16~17퍼센트, 더 나아가 18퍼센트 이상의 이자를 물리기도 한다. 과연 이것이 공정하다고 생각하는가? 결코 공정하지 않다.

연회비

여러분이 신용카드의 연회비를 매년 지불한다면 그러지 말자. 오늘날 신용카드 회사들은 서로 치열한 경쟁 속에 있다. 만일 여러분이 요청한다면 연회비쯤이야 기꺼이 포기할지도 모른다.

연회비를 내고 있다면 카드회사에 전화를 걸어 연회비를 없애 달라고 말하자. 만일 카드회사에서 여러분의 요청에 선뜻 응하지 않으면 카드를 취소하고 싶다고 말해보자. 그래도 연회비를 내야 한다고 우기면 다른 카드회사를 이용하는 편이 낫다.

그 밖의 수수료

신용카드를 발급하는 은행이나 카드회사가 작은 활자체를 좋아한다는 것을 아는가? 여러분의 계약서나 매달 발급되는 대금 청구서를 자세히 살펴보자. 그 작은 글씨들 속에 어쩌면 여러분이 지금까지 몰랐던 다른 수수료에 대한 내용이 포함되어 있음을 알고 크게 놀랄 수도 있다.

신용카드 회사들의 경쟁이 아주 치열하고 여러분에게 카드를 발급한 회사도 회원을 늘이지 못해 안달을 낸다는 사실을 기억하자. 여러분이 받은 대금청구서에 자신이 알지 못하는 수수료가 포함되어 있을 경우에는 카드회사에 전화를 걸어 왜 이상한 수수료가 붙었는지 물어보자. 만약 만족스러운 답변을 얻지 못했다면 다른 카드회사를 찾는 편이 낫다.

유혹의 본질을 직시하라

하지만 대부분의 사람들에게 어떤 수수료보다 더 위험한 요소는 바로 신용카드 때문에 생기는 유혹이다. 맛있는 요리를 먹고 싶은데 돈이 없다면? 식당에 가면 카드를 사용할 수 있다. 이러한 한순간의 어리석음 때문에 드는 비용이 자그마치 12만 원이라면? 신용카드는 쉽게 사용할 수 있지만 그 대가는 나중에 반드시 치른다는 사실을 기억하자.

요즘은 어디를 가든지 신용카드를 쓸 수 있다. 최신 영화의 비디오를 빌려보고 먹고 싶은 것을 골라 먹을 수도 있다. 향긋한 음료수를 마시며 온갖 종류의 옷과 CD, 보석 등 무엇이든지 마음 내키는 대로 살 수 있다.

자동차에 기름을 채울 수 있고 좋아하는 일에 자선 사업을 하더라도 그 순간에는 돈이 한푼도 들지 않는다. 유일한 문제는 이러한 온갖 소비의 결과가 월말 청구서가 날아옴과 동시에 여러분을 옥죄기 시작한다는 점이다. 이자를 덧붙여서 말이다.

카드를 만들라는 요청에 어떻게 대처할까?

신용카드를 만들기는 전혀 어렵지 않다. 대학생이나 사회초년생들은 은행이나 카드 발급사의 주요 고객이다. 그렇다면 왜 신용카드 회사들은 그들을 선호할까? 카드를 발급하는 은행이나 신용카드 회사는 그들이 카드를 가지고 바보짓을 해서 회사에 막대한 빚을 지기를 바라고 있기 때문이다. 카드회사는 금전에 관한 경험이 부족한 그들에게 의존하는 것이다.

몇 년 지난 후에 여러분이 신용카드를 가지고 싶다면 아마 만들 수는 있다. 신용카드 회사는 우편이나 홈페이지를 통해 가입자를 모집한다. 또는 대학 캠퍼스나 젊은이들이 많이 모이는 자리에서 회원을 모집하기도 한다. 여러분이 가입신청서에 사인만 하면 카드회사의 직원은 아주 기쁜 듯이 티셔츠나 전화카드, 패밀

돈 이란

카드 사용에 관한 최고의 원칙이 있다. 대금 청구서가 올 때쯤에는 사라지고 없을 물건은 절대 카드로 구입을 하지 말라는 것이다. 가령 외식, 잡화점의 물건들, 자동차의 연료, 비디오테이프 등이 모두 여기에 포함된다.

리 레스토랑 시식권을 나눠줄 것이다.

신용카드를 만들라는 제안을 받았다면 서명을 하기 전에 곰곰이 따져보자. 만일 카드가 정말 갖고 싶다면 카드 신청서에 적힌 내용을 하나도 빠짐없이 꼼꼼하게 읽어야 한다. 카드 신청서의 내용 중에서 다음과 같은 사항은 반드시 확인하자.

- 이율과 이율이 적용되는 기간. 일부 카드회사는 카드 발급 후 6개월까지는 좋은 조건의 이율을 부과하지만 그 기간이 지나면 이율을 두 배나 세 배로 올리는 경우도 있다.
- 연회비가 있는지 그리고 얼마인지 확인하자.
- 대출한도. 필요 이상으로 대출한도를 높게 책정하지 말자. 때로는 그것이 유혹일 수 있다.
- 유예기간. 이 기간 내에 카드 빚을 모두 갚으면 이자를 부과하지 않는다. 대개 30일 정도지만 더 짧아지는 경향이 있다.
- 추가비용. 가령 연체비나 다른 임의적인 비용이 부과되는지 확인한다.

■ 자신과 관련이 있는 나머지 잡다한 사항들을 확인한다.

단지 사은품을 받으려고 카드를 신청했다면 나중에 카드가 도착하는 즉시 잘라서 던져버리자. 시험 삼아 써볼까 하는 유혹에 한번이라도 넘어가면 안 된다. 카드를 원하지 않는데도 계속 카드를 신청하라고 요청할 때는 결코 약한 태도를 보여서는 안 된다. 물론 카드회사의 직원들이 설득에 능하지만 여러분에게는 싫다고 말할 절대적인 권리가 있다.

신용카드는 꼭 필요할 때 만들어라

신용카드를 만들고 싶은데 어떻게 시작할지 모르거나 몇 가지 문제점이 있을 때는 이렇게 하자. 만일 여러분이 지금까지 카드를 신청한 적이 한번도 없다면 은행에서 신청서를 구할 수 있다.

경고!!

신청인에게 보증인을 요구하지도 않고 나이와 신용경력 및 직장경력 등도 따지지 않는 신용카드 회사가 있다면 각별히 주의하자. 대개 인터넷상에서 이런 부류의 신용카드 회사들이 설치는데 어딘가 수상한 면이 없지 않다.

지금 이 시점에서 신용카드가 필요한지 다시 한번 곰곰이 따져보자. 만약 카드를 가지고 있다면 지금부터는 책임감 있게 사용하겠다고 결심하자. 신용카드를 만들어서 정말 유익한 경우도 있지만 현명하게 사용하지 않으면 실패의 지름길이 될 수도 있다.

마지막으로 짚고 넘어가야 할 중요한 사항이 있다. 여러분 스스로가 자신의 신용을 엉망으로 만들어 낭패의 구덩이에 빠지는 일이 없도록 주의해야 한다는 사실이다.

이것만은 알아두자

◇ 신용카드를 사용하는 것은 좋지만 갚을 수 없을 정도로 많은 빚을 진다면 결국 심각한 문제를 야기할 수 있다.

◇ 신용카드를 발급하는 은행과 회사는 여러분이 물건을 구입하는 가게에 물건값을 대신 지불한다. 매달 청구되는 카드 대금을 지불하지 않으면 비싼 이자를 물어야 한다.

◇ 신용카드를 책임감 있게 사용해야 자신의 신용을 높이는데 도움이 된다.

◇ 근래에는 신용카드가 남발되는 경향이 있다. 어쩌면 여러분도 큰 어려움 없이 신용카드를 구할 수 있을지 모른다.

2. 놀라운 투자의 세계

희망이 없으면 절약도 없다. 우리가 절약하고 아끼는 이유는
무엇인가. 미래를 위해서이다. 미래의 건설을 위해서 한 푼이라도
절약하자. 절약하는 마음에 희망이 찾아온다.

연령에 상관없이 대부분의 사람들이 자신의 돈을 늘리는 가장 좋은 방법으로 주식을 선택한다. 또 주식 투자에 매료되기도 한다. 물론 그렇다고 해서 여러분이 지난 설날에 세뱃돈으로 받은 10만 원을 가지고 당장 인터넷을 통해 주식 투자를 해야 한다는 말은 아니다. 투자에는 위험이 따르며 그렇기 때문에 투자에 뛰어들려면 반드시 자신이 무엇을 하고 있는지부터 분명히 인식해야 한다.

투자에 관한 정보도 여러 곳에서 구할 수 있다. 만약 투자에 관심이 있다면 최대한 많은 것을 배우고 여러 가지 정보를 얻기 바란다.

투자는 어른들의 전유물이 아니다

돈이나 돈과 관련된 주제에 대한 젊은이들의 이해력은 과거와는 비교할 수 없을 정도로 뛰어나다. 이들은 인터넷을 통해 보다 손쉽게 투자에 접근한다. 10대들은 따로 중개인을 두지 않고도 인터넷을 통해 주식을 연구하고 구매할 수 있다.

젊은이나 나이 든 사람 모두에게 투자의 기회는 열려 있다. 그러나 이들 모두가 주식 시장에 투자할 준비를 갖추고 있지는 않다. 과연 여러분은 투자를 할 준비가 되어 있는가?

일중매매거래(day-trading, 주식 시장의 장세를 면밀히 파악해 하루 사이에 주식을 사고 팔아 차익을 취득하는)는 위험한 사업이다. 일반 사람들은 일중매매거래를 할 정도로 주식 시장에 대해 정통하지 않다. 실제로 많은 사람들이 일중매매거래를 하다가 돈을 잃는다.

투자의 적기는 언제부터일까

금융 전문가들은 돈과 관련된 모든 주제에 관해 다양한 의견들을 제시한다. 하지만 거의 모든 전문가들은 한 가지 사실에 동의한다. 즉, 투자는 젊을 때 시작할수록 좋다. 간단한 논리다. 돈을 늘릴 시간이 많으면 당연히 그만큼 돈을 더 많이 벌 수 있다. 35세나 40세가 될 때를 기다리기보다는 18세나 20세부터 돈을 벌기 시작하는 편이 당연히 더 낫다.

투자를 시작하는 시기는 빠를수록 좋다. 그렇다고 여러분에게 지금 당장 컴퓨터 앞이나 증권회사로 달려가 주식을 사라는 말이 아니다. 우선 여러분이 무엇을 해야 하는지부터 알아야 한다. 여러분이 이제 막 투자를 시작하는 입장이라면 도움을 줄 수 있는 누군가를 찾는 것도 좋은 생각이다. 도움을 줄 사람이 투자 대상을 전문적으로 사고파는 중개인일 수도 있다. 또는 주식 시장이

인터넷이 많은 정보를 제공하는 훌륭한 장소임에는 틀림없다. 하지만 그 중에는 잘못된 정보도 있다. 고의든 아니든 틀린 정보도 많다. 인터넷에서 증권 정보를 알았다고 거기에 전부 의존해서는 안 된다.

나 다른 투자방식에 대해 잘 아는 어른일 수도 있다.

또 다른 방법으로 투자 그룹에 가입할 수 있다. 투자 그룹이란 주식이나 다른 투자물을 구입할 목적으로 돈을 모은 사람들의 집단을 말한다. 투자 그룹에 속하면 많은 경험을 쌓을 수 있다. 투자 그룹의 구성원들은 제각기 특정 회사를 연구하거나 주식을 사고 파는 기술을 익혀야 하기 때문이다.

투자 그룹은 오래 전부터 있었지만, 오늘날 그 인기는 예전보다 높아졌다. 대부분의 투자 그룹은 막대한 자금을 요구하지 않는다. 주식 시장과 투자에 대해 많은 것을 배우려는 구성원들로 이루어져 있기 때문이다.

그렇지만 돈이 한 푼도 없거나 빚을 진 상태라면 투자에 뛰어들 수 없다. 투자를 하는 데 돈이 반드시 많아야 할 필요는 없지만 분명 어느 정도의 자금은 가지고 있어야 한다.

만일 신용카드 빚이 있다면 투자에 대해서는 엄두도 내지 말자. 카드 빚을 진 상황에서 할 수 있는 가장 좋은 투자는 당장 높은 이자의 빚부터 갚는 일이다. 돈을 투자해 12~13퍼센트의 이자를 벌어들이기보다는 18~20퍼센트나 하는 카드 빚의 이자를 갚는 것이 우선이다. 하지만 빚이 없고 저축한 돈이 어느 정도 있다면 투자에 대해 진지하게 고려해도 좋다.

초보자를 위한 주식 시장 안내

지금까지 여러분은 여러 가지 투자 대상에 관해 기본적인 사항을 이해했다. 이제 증권과 주식 시장에 대해 알아볼 차례이다. 주식 시장은 무엇이고 정확히 어떻게 움직일까? 투자자는 왜 돈을 벌거나 잃을까?

주식 시장이란 일반적으로 유가증권을 거래하도록 구성된 장소를 뜻한다. 유가증권은 쉽게 말해 주식이나 채권과 같은 투자물을 의미한다.

여러분은 종종 라디오나 TV를 통해 또는 사람들의 말 중에 주식 시장이 올랐다거나 내렸다는 말을 듣는다. 주식 시장의 전반적인 실적은 여러 가지 방식으로 평가할 수 있다.

주식은 여러분이 사서 소유하는 것이다. 주식을 사는 이유는 가치가 올라가기를 희망하기 때문이다. 따라서 이윤을 남기기 위해 팔 수 있다. 여러분이 어떤 기업의 주식을 구입했다면 실제로 여러분은 그 회사의 일부분을 소유한 셈이다. 기업은 돈을 모으

주식 시장이 일정 기간 동안 상승하는 국면에 들면 이를 강세 시장(bull market)이라고 부른다. 반대로 하향 국면에서는 약세 시장(bear market)이라고 부른다.

기 위해 자신들의 일부를 판매한다. 증권은 주식이라는 작은 단위로 판매되며 여러분은 주식을 구입해 그 기업의 주주가 된다.

가장 이상적인 경우는 주식을 싼 값에 구입해 가치가 오를 때까지 기다렸다가 다시 파는 것이다. 하지만 늘 여러분이 생각하는 각본대로 움직이지는 않는다. 주식의 가치가 떨어지면 주주는 그만큼 돈을 잃게 된다. 주식의 종류는 다양하며 위험부담이 비교적 높은 것들도 있다.

채권은 투자의 또 다른 형태이다. 채권은 소유뿐 아니라 대출도 나타낸다. 채권을 구입할 때 여러분은 정부나 기업과 같은 조직에 돈을 빌려준 셈이 된다. 이들 조직은 여러분의 돈을 이용하고 그 조건으로 이자를 지급한다. 그리고 정해진 기간이 지나면 여러분은 채권을 돈과 바꿀 수 있다.

주식의 종류가 다양한 것처럼 채권의 종류도 다양하다. 또한 주식과 마찬가지로 일부 채권에는 위험부담이 따른다.

주식이나 채권, 부동산 등의 투자를 하지 않으면 전혀 위험부담이 없다. 여러분이 주식이나 채권을 구입하자마자 모든 거래시장이 급격한 침체를 겪을 가능성도 있다.

투자를 실행하기 전에 자세히 조사하고 자신이 투자하는 대상을 완전히 이해하는 것이 성공적인 투자의 열쇠이다. 일찍부터 투자를 시작한다는 것은 훌륭한 일이다. 제대로만 한다면 나이가 들어 정말 행복한 삶을 누릴 수 있다. 하지만 투자 대상을 잘못 정하면 여러분은 시간과 돈만 낭비하는 결과를 낳을지도 모른다. 어쨌든 그래도 다시 시작할 충분한 시간은 있다.

이것만은 알아두자

◇ 돈을 투자하는 방법은 여러 가지다. 청소년들에게 유리한 것을 찾아야 한다.

◇ 일찍 투자를 시작하면 그만큼 돈을 벌고 즐기는 시간도 늘어난다.

◇ 주식 시장은 돈을 벌기에 좋은 기회를 제공한다. 물론 자신이 하는 일을 제대로만 이해한다면 말이다.

◇ 투자라는 것은 투기와 전혀 다른 것이다. 투자는 중장기적으로 회수 가능한 곳에 돈을 넣는 것을 의미한다.

3. 자신의 사업 구상하기

희망은 잠자고 있지 않는 인간의 꿈이다. 인간의 꿈이 있는 한 이 세상은 도전해 볼만하다. 어떠한 일이 있더라도 꿈을 잃지 말자. 꿈을 꾸자. 꿈은 희망을 버리지 않는 사람에게 선물로 주어진다.

기업가란 '사업에 착수해 이를 조직하고 지휘하며 위험을 무릅쓰고 이윤을 추구하는 사람'이라고 사전에서는 정의하고 있다. 물론 이런 사전적 정의로도 기업가를 이해할 수 있다. 그러나 그것만으로 충분하다고는 볼 수 없다. 기업가는 사전적 정의를 뛰어넘는다.

기업가는 모험가이며, 위험을 받아들이는 사람이다. 기업가는 과거를 하나의 현상으로 인식하고 왜 더 나은 무엇이 없을까 항상 궁금해 한다. 기업가는 용감하고 열정적이며 끊임없이 자극을 받고 확고하며 끈기가 있다. 진정한 기업가는 스스로 목표를 정해 진정 그것을 원한다. 그리고 목표를 달성하기 위해 어떠한 어려움에도 결코 굴하지 않는다.

여기에서 우리는 이들 청소년 기업가들이 누구이고 무엇을 하는지 살펴본다. 자신의 사업을 시작할 때 어떤 이득과 위험이 있는지 보고 장점과 단점에 대해 의논한다. 아울러 기업가로서의 자질을 스스로 가지고 있는지 평가하는 기회도 갖는다.

청소년 기업가

청소년 기업가는 언제나 있었다. 여름철 길가를 오르락내리락하며 잔디 깎는 기계를 모는 아이를 본 적이 있을 것이다. 아직도 한참이나 남은 잔디밭을 물끄러미 바라보는 그 아이가 바로 기업가이다. 뒤뜰의 정원에서 꽃을 가꿔 꽃다발을 만들고 집집마다 팔러 다니는 여자 아이도 기업가이다. 눈을 치우는 아이, 아기 돌보는 일을 하는 아이, 개를 산책시키는 사업을 시작했든지 혹은 청소 일을 하는 아이들 모두가 기업가이다.

돈 이란

우리는 흔히 기업가라고 하면 빌 게이츠 같은 사람을 떠올린다. 하지만 나이나 인종, 수입과는 상관없이 우리 주변에는 수없이 많은 기업가가 존재한다.
청소년은 잠자는 거인(Sleeping Giant)이다.

기업가적 정신을 도처에서 볼 수 있으며, 심지어 어린아이에게서 기업가 정신을 발견하는 경우도 있다. 여름철에 음료수 가판대 뒤에 서서 레모네이드를 파는 아이들, 자기 집 뒤뜰의 나무에서 딴 사과를 파는 아이들을 자세히 관찰하자. 비록 나이는 어려도 남들이 버린 신문지를 대신 줍는 아이들도 있다.

사실 기업가가 되고 싶은 욕망은 많은 사람들에게서 자연스럽게 나타난다. 문제는 이러한 욕망을 어떻게 기업에 관한 것으로 전환하느냐이다. 무엇을 하고 싶다고 해서 생각만큼 쉽게 이룰 수는 없다. 하지만 그렇다고 해서 불가능한 것도 아니다.

청소년 기업가가 되기 위한 조건

사람들은 온갖 종류의 이유를 들어 사업을 시작한다. 어떤 사람은 10억을 벌어서 50살에 은퇴하고 싶기 때문이라고 말한다. 다른 어떤 사람들은 남들에게 도움이 되고 사회를 발전시킬 수 있는 제품을 만들고 봉사하기 위해서라고 말한다. 또 가족들의 행복한 인생을 위해서라고 말하는 사람도 있다. 남의 밑에서 일하기 싫고 매일 반복되는 지긋지긋한 출근을 앞으로도 40년 동안 계속할 엄두가 안 나기 때문이라고 말하는 사람도 있다.

기업가들을 연구하는 심리학자들에 따르면 사람들이 사업을 시작하고 성공적으로 회사를 경영하려는 이유는 무엇인가를 성취하고 싶기 때문이라고 말한다. 〈하버드 비즈니스 리뷰〉에 실린 최근 논문을 통해 이런 사실을 더 잘 알 수 있다. "성취감에 대한 욕구 또는 과거에 비해 더 나은 효율적인 무엇인가를 이루려는 욕망은 기업가들의 행동을 이끄는 가장 강한 동기이다."

이외에도 힘과 부에 대한 욕망, 내적인 욕구를 충족시키거나 성공하고 싶은 욕심, 전통적인 업무 방식에서의 탈피 욕구, 사장 또는 꿈을 실현하려는 마음 등이 기업가들에게 나타난 일반적인 동기이다.

대부분의 기업가들에게 공통적으로 나타나는 개인적인 자질에는 다음과 같은 것들이 있다.

- 뛰어난 조직력
- 자발성
- 개혁성
- 유연함과 적응력
- 문제해결 능력
- 장애를 극복하고 대처하는 능력
- 의사결정 능력
- 의사소통 능력
- 활동성
- 낙관적인 태도
- 단호함
- 책임감
- 자신감
- 인내심

경고!!

자신의 일에 대해 자발성을 부여하고 자부심을 가져야 한다. 이러한 가치 윤리를 제대로 갖추고 확고히 해야지 그렇지 않으면 실패는 불을 보듯 뻔하다.

여러분이 세상을 살아온 시간은 얼마나 되지 않지만 그래도 여러분은 자신의 강점과 약점에 대해서는 잘 깨닫고 있을 것이다. 자신이 기업가의 자질을 얼마나 갖추고 있는지 알고 싶다면 앞에 언급한 개인적인 자질과 그 앞에 나온 동기의 원천들을 자세히 살펴보기 바란다. 그런 다음 솔직하게 그러한 동기와 개인적인 자질이 자신과 얼마나 부합하는지 스스로에게 물어보자.

자신의 사업을 시작할 생각이 있다면 기업가의 자질을 스스로가 얼마나 갖추고 있는지 가능한 한 가장 솔직하게 판단해야 한다. 만일 자신이 기업가의 자질을 갖추지 못했다고 판단했더라도 여러분은 사업을 시작한 이후에는 놀랍게도 그러한 자질을 분명 발견할 것이다.

기업가의 좋은 점과 나쁜 점

자신의 사업체를 소유하고 경영한다는 말은 근사하게 들린다. 실제로도 그럴까? 사업을 하다보면 분명 재미있는 사람들을 많이 만난다. 그리고 공급업자 및 회사가 돌아가는 절차를 알게 된다. 일상적인 경영의 요모조모뿐 아니라 사업계획을 짜고 실행하는 방법도 익힌다. 지역 공동체의 사람들과 사귀면서 사업이 성장하면 유명세를 탈 수도 있다.

자신의 사업을 시작한다는 말은 근사하게 들리고 정말 잘 되기를 바랄 것이다. 자신보다 높은 자리에 있는 상사도 없다. 시간 걱정을 할 필요도 없으며 휴일이나 주말에는 마음 내키는 대로 쉴 수도 있다. 하지만 기업가가 된다는 것은 단지 유명해지고 즐거우며 영광스러운 일만 아니다.

지금부터라도 현실을 똑바로 보기 바란다. 실제 기업가들은 여러분에게 전혀 그렇지 않다고 말한다. 작은 사업체를 밑바닥에서부터 시작한 기업가는 그럴싸한 여러분의 상상들이 아주 오랜 시간이 지난 다음의 일임을 깨우쳐 줄 것이다.

불확실한 매출, 힘든 일, 장시간의 업무, 몰려오는 두통이 기업가의 전부일지도 모른다. 분명 언젠가는 좋은 날이 온다. 그러나 많은 이익을 얻으리라 생각하고 사업을 시작한 처음에는 결코 그것이 쉽지 않다.

앞에서 나열한 이유에서 혹은 다른 이유로 모든 신생 사업의 절반 이상이 실패로 끝난다. 이와 같은 사실을 사업을 하려는 사람은 누구나 알아야 한다.

이러한 통계 수치와 이야기를 모두 들었다고 해서 겁을 먹거나 실망할 필요는 없다. 중요한 점은 자신의 사업체를 가지는 것이 어떤 일인지에 대해 여러분이 충분히 이해해야 한다는 사실이다. 할 수만 있다면 이미 사업을 경험한 사람을 찾아가 과연 실제 사업 운영이 어떤 일인지 이야기를 들어보자.

만일 여러분이 사업을 시작해서 실패하더라도 스스로를 실패자라고 여겨서는 안 된다. 실패를 통해 여러분은 자신을 재평가하고 다음번에 더 현명하게 행동할 수 있다. 정말 좋아하는 일이라면 실패를 이유로 자신의 의지를 꺾어서는 안 된다.

틀림없이 각종 세금이나 주문서 작성, 서류작업, 개인 시간과 업무를 균형 있게 조절하는 법, 직원을 고용하고 훈련시키는 방법 등에 대해 이야기를 들을 수 있을 것이다. 여기에 덧붙여 성취감, 충분한 금전적 보상, 공동체에 대한 소속감, 개인적인 만족과 같은 좋은 이야기도 들을 수 있기를 바란다.

나중에 할 일을 지금 계획하라

이제 여러분은 자신의 사업을 할 생각이 들었는가? 그렇다면 행운을 빈다. 사업을 시작하려면 미리 계획을 짤수록 좋다. 비록 앞으로 몇 년간은 사업을 시작하지 않는다고 해도 말이다.

사업을 하려면 따져보아야 할 일이 아주 많다. 어떤 종류의 사업이 자신에게 가장 알맞고 어떤 분야에서 가장 성공할 수 있을까? 혼자서 시작할까, 아니면 다른 사람과 협력할까? 사업을 처음 시작하는 지역은 어디가 좋을까? 필요한 장비가 모두 있나, 아니면 모두 구입해야 할까? 사업체의 법률적 형태는 어떤 것이 좋을까? 초기 비용은 어떻게 조달할까?

이러한 모든 질문들을 하나하나 짚어보고 생각해야 한다. 마치 도로 지도처럼 사업 계획서는 이런 질문들을 짚어보는 데 도움이 될 것이다.

아무리 크거나 작은 사업도 모두 사업 계획은 필요하다. 사업 계획을 세우면 자신이 무엇을 원하고 어떻게 실천할지 명확히 알 수 있다. 물론 다른 사람들에게 자신의 사업에 대해 알릴 수도 있다.

사업 계획서의 개요뿐 아니라 회사를 차리고 운영하는 데 필요한 좋은 정보도 상공회의소 웹 사이트를 찾아가 확인하자. 상공회의소는 공공 기관으로서 기업가들에게 경영 및 기술 지원을 제공한다. 여기에서 세금과 마케팅 등의 정보를 구할 수 있다.

제대로 된 사업 계획은 회사를 어떻게 차리고 성장시키는지에 대한 지침이기도 한다. 아울러 마케팅 수단으로도 유용하다.

사업 계획서는 특정한 시기에 여러분이 무엇을 해야 하는지를 알려준다. 뿐만 아니라 다른 사람들에게 여러분이 하는 일을 소개하는 기능도 겸한다. 훌륭한 사업 계획서를 보면 사람들은 여러분의 사업에 관심을 가질지도 모른다. 한발 더 나아가 여러분에게 재정적 혹은 다른 방식의 도움을 주도록 유도할 수도 있다.

사업 계획서의 주요 부분에는 사업에 대한 구체적인 설명과 마케팅 계획(어떻게 사업을 홍보할지), 재정 계획(사업 착수 비용과 운영비를 어떻게 조달할지), 경영계획(어떤 식으로 사업체를 운영할지) 등을 포함한다.

계획서의 다른 부분에는 표지, 요약, 사업 목적, 도표, 근거 자료 등이 포함된다.

만일 이러한 모든 계획을 세우기가 마치 기말고사를 대비한 공부보다 더 어렵다고 느껴져도 낙담하지는 말자. 사업 계획서는 단지 여러분이 무엇을 하고 어떻게 실천할지를 나타내는 서류일 뿐이다. 복잡할 필요도 없다. 50페이지씩이나 길게 만들 필요도 없다. 근사한 용어를 구사할 필요도 없다. 다만 여러분의 계획을 명확히 보여주기만 하면 족하다.

정말 심각하게 사업을 고려하고 있다면 먼저 계획을 짠 다음 도움을 줄 만한 어른을 찾아가 이야기를 나눠보자. 중소기업과 관련된 법률적인 문제 등 전문가의 상담이 필요한 내용에는 무엇이 있는지도 알아야 한다.

사업을 시작하려는 기업가들에게 무료 서비스를 제공하는 중소기업지원센터가 있는지도 확인하자. 일부 지방자치단체에서는 은퇴한 사업가들이 나와 정보를 제공하고 자신들이 아는 지식과 경험을 기꺼이 나누어준다.

자신의 사업체를 갖는 것은 대단히 신나고 매력적이며 재미있고 득이 되는 일이다. 정말 사업을 시작하기를 원하고 자신의 적성이 거기에 적합하다고 생각하면 과감하게 시도하자. 성공을 믿

자. 많은 것을 배우고 즐거움을 만끽하고 최종적으로 많은 돈도 벌어보자. 물론 사업을 시작하면 수많은 일과 책임이 뒤따른다는 점만은 명심하고 말이다.

이것만은 알아두자

◇ 기업가가 되려면 특별한 자질이 필요하므로 자신이 거기에 적합한지 그렇지 않은지 곰곰이 생각해 보아야 한다.

◇ 사업체를 소유하고 운영하려면 힘든 일을 수없이 겪어야 한다. 그리고 반드시 돈을 번다는 보장도 없다. 다만 일에 따른 보람과 즐거움은 찾을 수 있다.

◇ 모든 사업에는 사업 계획서가 필요하다. 일찍부터 미리 계획을 세워두자.

◇ 사업은 결코 쉬운 일이 아니기 때문에 신중하게 생각해야 한다.

◇ 청소년들에게 가장 필요한 것은 미래를 위해 열심히 공부하는 것이다.

10대들이 꼭 알아야 할
똑똑한 돈 이야기

초판 1쇄 발행 2004년 1월 7일
초판 2쇄 발행 2005년 10월 7일

지은이 | 수잔 셸리
옮긴이 | 이영권
펴낸이 | 이종헌
만든이 | 최판남
펴낸곳 | 가산출판사
주 소 | 서울시 마포구 신수동 85-15
          TEL (02) 3272-5530~1
          FAX (02) 3272-5532
등 록 | 1995년 12월 7일 제10-1238호

ISBN 89-88933-50-2 03320